Gerhard Jan Rötting · Nina, lauf um dein Leben!

Gerhard Jan Rötting

Nina, lauf um dein Leben!

Eine wahre Erzählung

mediaKern

Bibliografische Information der Deutschen Nationalbibliothek
Die Deutsche Nationalbibliothek verzeichnet diese Publikation in der Deutschen Nationalbibliografie; detaillierte bibliografische Daten sind im Internet uber http://dnb.d-nb.de abrufbar.

ISBN 978-3-8429-2015-6

Bestell-Nr. 5.122.015

Umschlaggestaltung und Innenlayout: Ch. Karádi
Lektorat: Dr. Ulrich Parlow
Gesamtherstellung: Drukarnia Dimograf, Bielsko-Biała, Polen
Printed in the EU 2013

www.media-kern.de

Bin ich in der Ukraine, dann gibt es kaum ein Wochenende, an dem ich nicht durch dieses weite und wunderbare Land fahre. Zu welcher Jahreszeit auch immer: Da erstrecken sich die schier unendlichen Felder, die erst am Horizont aufhören – oder durch eine doppelte Pappelreihe irgendwo in der Ferne anzeigen: Hier endet ein Maisfeld, hier ist ein Kartoffelacker eingegrenzt oder hier ist weit und breit nur Weideland. Ich ahne aber: Dahinter geht das fruchtbare Land weiter, auch wenn es außerhalb meiner Sehweite liegt. Grenzenlos kommt mir die Ukraine vor – auch mit ihren gewaltigen Wäldern, wie sie in Deutschland nur selten vorkommen. Und immer zeigt das Erdreich mit seiner schwarzen Krume, wie fruchtbar die Äcker und Weiden sind.

Wenn im Frühjahr die Sonnenblumenfelder blühen, dann möchte ich Pastor Dr. Grigory Komendant bitten, das Auto anzuhalten, um diese gelbe Pracht in mich aufzusaugen. Zugleich bewundere ich solche ausgedehnten Anpflanzungen: Alle Sonnenblumen wenden gemeinsam ihre Blütengesichter der Sonne zu, so als hätten sie miteinander vereinbart: Lasst uns alle zur Sonne aufschauen, dann schrecken uns die dunklen Wolken nicht.

Als gebürtiger Niederländer liebe ich die Weite, denn meine Heimat kennt auch die ausgedehnten

Felder und Wiesen, auf denen im Sommer unzählige Kühe weiden. Doch in der Ukraine öffnet sich vor meinem Auge eine viel größere Dimension, wenn es mir vergönnt ist, die schier endlose Landschaft zu schauen. Ein stilles Verlangen fährt im Auto mit, die sichtlich unbegrenzte Weite zu entdecken. Jede Weite weckt immer eine Sehnsucht in mir, das Leben in ihr zu entdecken, das sich zunächst vor meiner Schnelligkeit und Eile verschlüsselt und verschließt. Verweile ich aber auf einem Parkplatz oder am Rande eines Waldes, dann schaue ich, ja dann enthüllen sich Einzelheiten, die mir bisher verborgen geblieben sind – und ich preise die Schöpfermacht, die bis ins Detail vollkommene Schönheiten für uns Menschen auf wunderbarste Weise schuf. Zum Staunen. Zum Freuen. Zum Glücklichsein.

Aber ich fahre durch dieses vom Schöpfer so reich beschenkte Land nicht etwa als Tourist, sondern ich sitze im Auto neben dem Präsidenten der Ukrainischen Bibelgesellschaft. Pastor Dr. Grigory Komendant lädt mich gern an den unterrichtsfreien Tagen und Wochenenden unseres Theologischen Seminars ein, mit ihm Gemeinden zu besuchen. Oft sind es kleine Dorfgemeinden, die wir anfahren. Ihre Gläubigen arbeiten meistens in der Landwirtschaft oder vereinzelt auch als Handwerker, aber immer verfügen diese einfachen Leute über einen gestandenen Glaubensweitblick und eine Wunder wirkende Jesusliebe, die vorbildlich ist und die wohl auch glaubensferne Dörfler beeindruckt: Denn nicht wenige von ihnen sitzen sonntags ebenso in den Gottesdiensten wie die Gemeindeglieder. Sie kommen, um zu hören, woher die Christen ihre Kraft beziehen, die ihr Leben so stark profiliert. Deshalb fährt Pastor Grigory gern in die Dörfer. Es kann aber auch passieren: Er fährt mit mir in größere Städte, in denen erstaunlich große Gemeinden bestehen, die sonntags sechshundert oder gar noch mehr Gottesdienstbesucher vereinen, die zum Hören auf das Evangelium und zum Lob Gottes beieinander sind.

Ob kleine Landgemeinden oder große Stadtgemeinden: Es kommt nicht auf die Anzahl der Menschen an, die sich um Gottes Wort versammelt haben und ihren Lobpreis dem lebendigen Gott bringen. Es geht uns immer um die gegenwärtige Person Jesu. Man spürt: Er ist in unserer Mitte und es geht eine göttliche Kraft von ihm aus – ob in Dorfkirchlein oder domähnlichen Gebäuden. Und wir beide – Pastor Grigory Komendant und ich – nehmen jeweils die Gelegenheit gern wahr, von der Liebe unseres Herrn Jesus Christus zu predigen. Es gibt in der Welt ja keine umwälzenderen Taten und keine bedeutsame-

ren Worte, die die Menschenherzen von Grund auf so zum Guten hin verändern können, wie es die Werke und Aussagen Jesu bewirken – überall in der Welt.

Vor Monaten fuhr Pastor Grigory mit mir dieselben Straßen, die wir auch heute fahren: in Richtung der Bezirkshauptstadt Schitomir, die gut hundert Kilometer von der Landeshauptstadt Kiew entfernt liegt. Aber wir fahren jetzt nicht in die dortige Großgemeinde, sondern weiter aufs Land. Genauer: nach Radomysl, wo seit Jahren eine Gemeinde besteht. Und in Radomysl ist noch etwas Wichtiges, das Pastor Grigory erst vor einigen Wochen entdeckte und das er mir heute zeigen will: ein Massengrab. Es wurde vor mehr als siebzig Jahren geschaufelt, um darein 561 Kinder zu werfen, die im September 1941 von deutschen Soldaten am Waldrand von Radomysl erschossen wurden – es waren die Kinder jüdischer Eltern.

Und als dann Pastor Grigory und ich an jenem Massengrab stehen, sind wir erschüttert. Nun brodelt es in mir. Und die mir seit jeher eigene Neugier ist wachgerüttelt: Ich will über diese ermordeten Kinder mehr erfahren.

Das ist in der Folgezeit gelungen. Und hier ist die ganze Kinder-Geschichte aus Radomysl:

Das ist ein guter Tag. Aber eigentlich ist es doch kein guter Tag!«, überlegt Nina laut. Sie hüpft an diesem warmen Septembertag übers Kopfsteinpflaster – immer Ausschau haltend, auf welchen Stein sie jetzt springen wird. Sie kommt von ihrer gleichaltrigen Freundin Esther, die heute ihren elften Geburtstag gefeiert hat. In der Mittelschule sitzen Nina und Esther nebeneinander in derselben Schulbank und verstehen sich prächtig. Eingeladen waren heute aber auch andere Schulfreundinnen aus der Klasse, mit denen Nina sich ebenso gut versteht. Doch die allerbeste Freundin ist für sie die musikalisch begabte Esther. Spielt sie in der Schule die Schulvioline – ein eigenes Instrument hat sie noch nicht –, dann brauchen die beiden Freundinnen sich beim Musizieren nur anzuschauen … und dann lachen sie sich still zu. Das spornt an, wenn du dich mit anderen gut verstehst. Musik verbindet die beiden seit Jahr und Tag, obschon sie so verschiedene Elternhäuser haben.

Esthers Eltern wohnen im selben Ghetto, aus dem die meisten Mädchen ihrer Klasse kommen, deren Eltern zwar in niedrigen Häusern wohnen, aber keineswegs arm zu nennen sind, weil sie gute Handwerksfamilien sind: Schlosser, Schreiner, Schuhmacher oder Bauleute.

Esthers Eltern wohnen mit ihren vier Kindern in einem Haus mit einem hohen Giebel: Das Mendelsohn-Haus kann sich fast schon »feudal« nennen. Wer immer daran vorbeigeht, schaut es mit Respekt an.

Ninas Eltern wohnen an der Straße, die zum jüdischen Friedhof führt. Das Haus der Familie Simonenko lässt schon von fern erkennen: Hier wohnen Leute aus dem Mittelstand. Der Wohlstand ist dem Beruf ihres Vaters zu verdanken. Er ist Brückenbauer und bekannt dafür: Die Straßen, die er als Ingenieur anlegt, halten länger als jene, die man sonst im Umkreis von Radomysl angelegt hat.

Wenn du das hohe Holztor am Hause des Kunstschmiedes Mendelsohn öffnest, kommst du in einen Innenhof, wo mächtig viel Platz ist: Hier hat Esther heute an einem langen Eichentisch ihren Geburtstag gefeiert – mit Singen der bekannten ukrainischen Volkslieder, mit Fangspielen, an denen die acht Klassenkameradinnen ihren ausgelassenen Spaß haben.

Esthers Mutter Lydia hat auf den blumengeschmückten Tisch die Gläser für den selbst hergestellten Obstsaft gestellt, der herrlich schmeckt; dazu kommt dann noch der koschere Kuchen, den sie in der Frühe gebacken hat. Es ist aber Nina nicht entgangen: Mutter Lydia hat die ganze Zeit rote, feuchte Augen und lacht an diesem Nachmittag nicht ein einziges Mal, was sie sonst gern und häufig als herzensgute Mama tut.

Nina besucht ihre Freundin Esther an jedem Tag, um gemeinsam Schulaufgaben unter Mutter Lydias Obhut zu machen. Und an allen Tagen gehört das freundliche Lachen dazu. Doch heute ist es anders, so ungewöhnlich: Das Lachen der Mutter fehlt.

Wenn an anderen Tagen nach den Schulaufgaben noch Zeit übrig bleibt, schauen die beiden Freundinnen öfter Esthers Vater zu, der im weiten Hof seine Kunstschmiede eingerichtet hat. Mosche Mendelsohn ist weit über Radomysl hinaus als fähiger Handwerker bekannt. Er fertigt Armbänder und Ketten aus Silber. Fast alle Brautleute in Radomysl und Umgebung wollen ihre goldenen Trauringe nur durch ihn machen lassen. Die Krönung seines Schaffens aber besteht in der Kunst, Broschen, Armbänder oder Halsketten nach eigenen Entwürfen filigran herzustellen. Und da schauen die beiden Mädchen am liebsten zu, wie Esthers Vater die schönsten Kunstwerke aus Silber oder Gold anfertigt. Aber die Tür seiner Werkstatt bleibt heute geschlossen.

Mosche Mendelsohn hat schon vor Wochen seiner Tochter versprochen, ihr zum Geburtstag »ein großes Geschenk« zu überreichen: eine Violine. Seitdem hat Esther sich auf diesen Augenblick gefreut, wenn Vater Mosche ihr das schon gekaufte, aber noch versteckte Instrument in die Hände legen würde. Dieser Augenblick sollte der Höhepunkt der heutigen Geburtstagsfeier werden. Esther würde ihren Eltern, den kleineren Geschwistern und allen eingeladenen Schulfreundinnen eine Melodie auf dem neuen Instrument vorspielen, die sie in der Musikschule tagelang einstudiert hat.

Doch Vater Mosche lässt sich den ganzen Nachmittag nicht blicken. Und das versprochene Geschenk wird dem Geburtstagskind darum auch nicht ausgehändigt. So ist dieser gute Tag eher kein so guter Tag. Die rot geweinten Augen von Mutter Lydia ... haben sie damit zu tun, dass Vater Mosche nicht zum Fest seiner ältesten Tochter gekommen ist? Schließlich verblasst die Freude beim Kinderfest und Nina hat sich schnell von ihrer Freundin verabschiedet, als sie Mutter Lydia noch einmal kurz mit verweinten Augen zu Gesicht bekommt.

Hopp – und hopp – und hopp … so springt Nina nachdenklich von einem dicken Pflasterstein zum nächsten. Sie hüpft auch noch über den Marktplatz heimwärts, als sie an deutschen Militärautos und Panzern vorbeimuss. Seit ein paar Tagen sind diese grauen Stahlkolosse hier aufgefahren. »Es ist Krieg«, hat Ninas Vater Igor mit Sorgenfalten auf der Stirn seinen Kindern im Juni 1941 erklärt. »Ist Krieg schlimm?«, hat Nina ihren Vater daraufhin gefragt. »Deutsche Truppen sind in die Ukraine eingedrungen und haben schon viele Städte erobert – auch uns in Radomysl. Und das Handwerk, das Soldaten gelernt haben und ausüben – es ist das Töten.«

Für einen Augenblick hüpft Nina nicht weiter. Sie schaut zur orthodoxen Kirche hinüber, die am Marktplatz steht: Da gruppieren sich die Deutschen in ihren graugrünen Uniformen und unterhalten sich lautstark. Aber wie Mörder sehen sie nicht aus, denkt Nina. Sie lachen sogar. Und können Deutsche, die lachen, andere töten? Ach nein – wie sollten sie!

Was aber machen diese jungen Soldaten hier in Radomysl? Warten sie darauf, einen neuen Einsatzbefehl zu bekommen, um weitere Gebiete im Osten der Ukraine zu erobern?

In der westukrainischen Stadt Radomysl gibt es noch vier weitere Ghettos, an denen Nina singend und springend jetzt vorbeihüpft. Aber die Leute, die dort wohnen, sieht man heute kaum. Warum verlassen sie ihr Ghetto nicht? Sie sind doch sonst ständig in der Stadt unterwegs.

Wenn Markttag ist, ja, dann wimmelt es von den durchweg ärmlich gekleideten Juden, den »Schtetl«-Bewohnern, die mit Fruchtkörben und Maissäcken, mit quakenden Enten und gackernden Hühnern den Marktplatz füllen. Sie hoffen, mit gutem Gewinn vor Sonnenuntergang wieder in ihre Ghettos zurückkehren zu können: möglichst ohne die zum Kauf angebotenen schlachtreifen Schafe, um die ihre Lämmer spielerisch herumspringen. Mit Schafen und Lämmern machen sie ihre besten Geschäfte. Doch das Allerwichtigste an solchen Markttagen sind die Begegnungen. Die jüdischen Käufer und Verkäufer treffen sich nur zu gern zu einem gemütlichen Schwatz mit ihren Glaubensfreunden aus den anderen Ghettos: Welche Weideflächen in der waldreichen Umgebung stehen noch zur Vermietung an? Welche heiratsfähigen jungen Männer gibt es für die eigenen Töchter, die bald »unter die Haube« zu bringen sind? Wer ist der beste Schneider aus den Synagogen-Gemeinden, der preisgünstige Hochzeitskleider fertigt und auch sonst gute Kleidung liefert, deren Stoffe von allerbester Qualität sein müssen? Reden tut wohl – doch am liebsten feilschen die schwarz gekleideten Schtetl-Männer. Feilschen mit ihresgleichen und mit »den anderen«, das gehört zum Markttag, zumal es Spaß bereitet, jede Zwiebel, jede frisch geerntete Möhre – Stück um Stück – wenigstens mit ein wenig Gewinn loszuwerden. Jeder Markttag in Radomysl ist stets ein munteres Treiben. Es würde etwas in der Stadt fehlen, wenn es dieses Treiben nicht gäbe; wenn nicht zwischen den Marktbuden die Schtetl-Männer stünden, die auf ihren selbst gebauten Streichinstrumenten oder Mundharmonikas muntere Melodien zum Besten geben, um dadurch die eine oder andere Münze einstecken zu können, die ihnen von Marktbesuchern zugeworfen wird.

Nina weiß: Heute ist eigentlich Markttag. Aber so vieles ist heute anders als sonst. Auf dem Platz vor der orthodoxen Kirche stehen heute keine Marktbuden, weil dort deutsche Wehrmachtsfahrzeuge stehen. Nur am Rande des Platzes wurde es den Händlern erlaubt, ihre Marktbuden aufzustellen. Aber sie sind nicht gekommen. Kein Musikant fiedelt. Alles ist heute so anders, so ungewohnt.

Die wenigen Stadtbewohner, die über den Marktplatz gehen, schauen mehr ängstlich als neugierig zu den hohen Panzerfahrzeugen der Deutschen herüber. Nur einige Händler bieten in den Nebenstraßen ihre Waren an. Gefragt sind Lebensmittel. Aber heute ist alles Feilschen um Obst und Kartoffeln der leisen Frage gewichen: Was wird nun werden, wenn die deutsche Übermacht uns künftighin beherrscht? Über den sonst so gemütlichen, lustigen Markttagen hängt heute ein unsichtbarer Gerüchte-Schleier, der sich spürbar über die Einwohner von Radomysl gelegt hat. Nina biegt in die Straße ein, an der das Haus ihrer Eltern steht.

Brrrumm – brrrumm – brrrumm … gewaltiges Motorendröhnen und metallisches Kettenrütteln erschrecken sie: Zwei Panzer setzen sich in Bewegung und hinterlassen Dieselqualm, der sich mit hohen Staubwolken vermischt und in den Vorgärten der Häuser eine Weile hängen bleibt. Im Dauerlauf erreicht die Elfjährige noch rechtzeitig ihr Zuhause. Ihre kleineren Geschwister haben das Motorengeräusch bereits vernommen und entsetzen sich: Solches Dröhnen ist ihnen fremd, das die Fensterscheiben für einige Augenblicke erzittern und die Hausmauern beben lässt.

Brrrumm – brrrumm. Die Kinder verkriechen sich unter Tischen. Die Kleinste klammert sich an den weiten Rock ihrer Mutter. Wohin bewegen sich diese Riesen-Metallmonster?

Ingenieur Igor, Ninas Vater, schiebt die Gardinen zur Seite, als sich das Panzergeräusch seinem Hause nähert: »Das verheißt nichts Gutes«, murmelt er vor sich hin. »Was wollen diese deutschen Panzer?« Obschon die Sonne ihm blendend ins Gesicht scheint und die beiden Panzer hohe Staubwolken aufwirbeln, sieht er die Stahlkolosse, die auf der Kopfsteinpflasterstraße rasch zu seinem Haus heraufkommen. »Was wollen die Deutschen in unserer Straße?«, ruft er erschrocken halblaut aus und drückt seine Stirn an die vibrierende Fensterscheibe, um den Hergang genauestens zu beobachten. Im selben Moment spürt er das rapide stärker werdende, unheimliche Dröhnen unter seinen Füßen. Das Haus zittert und bebt. »Fahren die Deutschen in den nahen Fichtenwald?«, fragt Nina. Vater Igor ruft ihr mit energischem Stimmaufwand zu, sie solle sich mit den kleineren Geschwistern auf die Ofenbank setzen und keine Fragen mehr stellen; er weiß schließlich auch nicht, was die beiden Panzer in ihrer Straße wollen, an deren Ende doch nur der Friedhof ist. Die Panzer müssen sich bestenfalls verfahren haben!

Brrrumm – brrrumm – brrrumm! Vater Igor zieht seinen Kopf schnell vom Fensterglas zurück, als die kanonenbestückten Panzer am Haus vorbeidonnern. »Kinder, ich bin ratlos! Was jetzt passiert, kann ich mir nicht denken. Aber bleibt auf der Ofenbank sitzen. Mutter und ich sind bei euch.«

Kaum sind die Panzer am Haus vorbei, wagt Vater Igor erneut, die Kriegsfahrzeuge vom Fenster aus zu beobachten. Der schwache Wind weht an diesem sonnigen Septembertag den aufgewirbelten Staub nur träge von der Straße.

Plötzlich hält Vater Igor beide Hände an den Kopf: »Kinder! Wahnsinn! Die beiden Panzer …!« Er dreht sich vom Fenster weg und schaut seine Frau Vera entsetzt an, drückt sie an sich und flüstert ihr ins Ohr: »Nein! O Graus!« – und schüttelt seinen Kopf.

»Vater, was hast du beobachtet?«, ruft Nina von der Ofenbank her. »Vater, sag schon!«

Hinter seinen vorgehaltenen Händen weint Vater Igor hervor: »Kinder, die Panzer – o nein! – sind auf dem jüdischen Friedhof! Stein um Stein walzen sie nieder. Die Gedenksteine werden plattgemacht! Warum? Wozu?! O Gott! Mein Heiland! Das wirst du rächen! Irgendwann. Wir werden es noch erleben. Bald.«

Vater Igor schreitet durch das Wohnzimmer, von einer Wand zur anderen. Mehrere Male. Fassungslos drückt er seine Hände ineinander. »Das hätte nicht passieren dürfen! Das nicht! Tote sollen unbehelligt bleiben – bis zum Jüngsten Tag!«

Mutter Vera fasst beide Hände ihres Mann, der stumm stehen bleibt: »Igor, der Gott der Bibel hat gesehen, was soeben geschehen ist. Das Unheil lässt sich nicht wiedergutmachen.«

Eine Weile ist es im Wohnzimmer des Brückenbauers Igor Simonenko völlig still. Sogar die vier Kinder spüren: Es muss etwas Schreckliches passiert sein, was sie nicht verstehen. Darum ist es besser, man schweigt. Doch dann summt in diese Stille die älteste Tochter Nina – erst leise, aber immer stärker – die bekannte Melodie und fügt dann die Worte des Liedes mit ihrer hellen Stimme hinzu:

Wenn des Feindes Macht uns drohet
und manch Sturm rings um uns weht,
brauchen wir uns nicht zu fürchten,
stehn wir gläubig im Gebet.
Da erweist sich Jesu Treue,
wie er uns zur Seite steht
als ein mächtiger Erretter,
der erhört ein ernst Gebet.

Während die Eltern und Nina singen, stellt sich Vater Igor mitten ins Wohnzimmer, breitet seine Arme aus, um seine Frau und Nina an die Hände zu nehmen. Die kleineren Geschwister tun es ihnen nach. So stehen Groß und Klein im Kreis und singen das Lied zu Ende:

… als ein mächtiger Erretter,
der erhört ein ernst Gebet.

Dann sagt Igor leise in die Runde, aber mehr zu sich selber als zu seiner Familie: »Wenn hinter diesem unglaublichen Geschehen ein planmäßiges Tun steht – dann erbarme sich der himmlische Vater über alle jüdischen Familien unserer Stadt – und auch über uns Christen.«

Angeordnet ist angeordnet: Kein Jude über sechzehn Jahre kann sich diesem Befehl der deutschen Wehrmacht entziehen. Für niemanden gibt es eine Ausrede – es hilft auch kein ärztliches Attest: Alle Juden müssen am nächsten Tag um acht Uhr auf dem Marktplatz erscheinen. Dieser Befehl schreckt auf. In den jüdischen Familien wird darüber diskutiert, was er soll. Es wird beraten, wie die älteren und kranken Angehörigen zum Marktplatz kommen können: mit Pferd und Wagen? Aber nicht jeder Jude besitzt solchen »Luxus«; gut, dann werden eben die Kranken dorthin getragen. Eine Familie besitzt einen Schubkarren, in den der altersschwache Großvater gesetzt werden soll, damit er bei dieser angeordneten Versammlung nicht fehle. Die Alten – insoweit sie gut zu Fuß sind – sollen langsam von den jüngeren Männern Schrittchen um Schrittchen zum Marktplatz geleitet werden. Alle werden erscheinen, um zu hören, was die Deutschen ihnen zu verkünden haben, und damit die deutschen Besatzer sehen, wie zahlreich und standfest die Synagogen-Gemeinde in Radomysl ist!

Es sind mehr als vierhundert jüdische Männer gekommen. Aber es fehlen trotzdem einige, wie Esthers Vater Mosche, der noch immer nicht nach Hause gekommen ist. Ist ihm etwas zugestoßen, worüber die Familie nicht benachrichtigt wurde? Mutter Lydia weint mehr im Verborgenen, als dass sie ihre Tränen vor ihren vier Kindern zeigt. Sie ahnt Schreckliches. Aber sie will tapfer sein und ihren Kindern von ihrer bösen Ahnung nichts sagen; ihre Sorge und Trauer behält sie für sich.

Deutsche Offiziere treten forsch auf. An ihren ledernen Hüftgürteln hängen blecherne, längliche Runddosen, in denen Gasmasken stecken. Manche von ihnen haben zudem Munitionsgurte und einen Stahlhelm am Hüftgürtel. Alle Offiziere tragen eine Pistole. Ausnahmslos steht auf ihren Koppelschlössern zu lesen: »Gott mit uns«. Man sieht es manchem Offizier an, wie »wichtig« er sich nimmt. Ob er daheim in Deutschland auch solch hohe Bedeutung in Familie und Beruf hatte?

Die Militärs halten Listen in der Hand, auf die sie ständig schauen, um dann die Namen all jener Männer laut zu nennen, die heute zu erscheinen haben. Dieses Treffen auf dem Markt ist gut vorbereitet – eben typisch deutsch. Das zeigen die langen Namenslisten, und sie beeindrucken die Juden sehr. Jeder hat mit deutlichem »Hier!« seine Anwesenheit zu bestätigen. Als Mosche Mendelsohn aufgerufen wird, bleibt es still. Der deutsche Offizier wiederholt verärgert seinen Namen und zieht seine Pistole aus der Gürtelhalterung. Das soll imponieren. Doch es erfolgt auch jetzt nicht das »Hier!« aus der Menge. Ein zweiter Offizier stapft mit eisenbeschlagenen Stiefelabsätzen – klickklack, klickklack – hinzu und flüstert seinem Vorgesetzten etwas ins Ohr. Der nickt, steckt seine Pistole in die Lederhalterung seines Gürtels zurück und streicht demonstrativ den Namen auf der Liste durch: »Also – hat sich erledigt.«

Den vierhundert schwarz gekleideten Männern, die auf dem Marktplatz eng zusammenstehen, entgeht kein Wort, keine Geste, die von den Deutschen ausgeht. Manchem Juden ist der Mund ausgetrocknet, weil ihm klar wird: Diese Zählung der Schtetl-Bewohner hat eine Bedeutung, aber kaum eine gute. Die deutschen Panzer stehen im Kreis wie drohende Ungeheuer um die Judenmänner herum, die sich eingekreist fühlen. Oder stehen diese Militärfahrzeuge auf dem

Marktplatz bereit, um jeden Augenblick losfahren zu können, um neues Unheil in der Ukraine anzurichten?

Wer erwartet hat, es würde heute erklärt, was gestern Grausames auf ihrem Friedhof passierte, wartet vergeblich auf eine Entschuldigung. Nicht einmal eine Erklärung ist von den Deutschen zu hören.

Die Sonne brennt an diesem Herbsttag recht unbarmherzig auf die vierhundertzählige Schar. Das Herumstehen wird für die Alten unter ihnen zur Qual; für die Kranken nicht weniger. Niemand aber begehrt auf. Es ist nicht auszumalen, was das für Folgen hätte.

Gegen elf Uhr wird allen Männern je ein gelber Stern ausgehändigt. Es sind Stoffsterne mit der Aufschrift »Jude«. Und wer Familie hat, bekommt nach den vorhandenen Listen weitere Sterne ausgehändigt. Niemand wird vergessen, jedes Familienmitglied zählt und wird bedacht: mit einem gelben Judenstern. Für die wenigen Familienväter, die nicht erschienen sind – wie Mosche Mendelsohn –, werden die gelben Stoffsterne beiseitegelegt.

Über den brütend heißen Marktplatz, auf dem die große Schar nun schon mehr als drei Stunden geduldig auf eine deutsche Anweisung wartet, brüllt es schließlich aus dem Lautsprecher:

»Nun hört gut zu!«, der Offizier beginnt seine Ansprache im harten Kommandoton zu brüllen. »Ihr tragt ab heute Abend diese ausgeteilten Sterne links in Herzhöhe auf eurer Kleidung. Sobald ihr eure Behausungen verlasst, habt ihr den Stern zu tragen. Wenn ihr oder einer eurer Angehörigen aus dem Haus geht ohne dieses sichtbare gelbe Zeichen, muss derjenige mit seiner Verhaftung rechnen!« Sein Übersetzer brüllt in Ukrainisch diesen Befehl über den Marktplatz. Noch einmal greift der Offizier nach dem Mikrofon: »Jeden Tag wird der Stern gewechselt. Morgen tragt ihr ihn links. Übermorgen rechts. Und danach jeden Tag im Wechsel. Und nun macht, dass ihr verschwindet. Morgen um acht Uhr – pünktlich – habt ihr alle wieder hier anzutreten. Ausnahmen oder Entschuldigungen kenne ich für niemanden. Jeder hat zu kommen. Los! Los! Macht euch davon! Verschwindet!«

Mutter Lydia hört es am Holztor pochen. Sie hält beim Teigkneten inne, hebt ihre klebrigen Hände ein wenig hoch. Nein, da steht vor dem Tor nicht Mosche, ihr Mann, denn er weiß, wie sich das Schloss von der Straße her öffnen lässt. »Kinder, rasch, geht alle ins Schlafzimmer!«, ruft sie ihren vier Kindern besorgt zu. Und während sie ihre Hände eilig wäscht, dröhnt eine fremde Männerstimme vor dem Tor: »Mach gefälligst auf! Ich hab was zu bringen!«

Teigkneten ist anstrengend, aber die zwanzig Schritte über den Hof setzen – nicht wissend, wer hereingelassen sein will –, das übersteigt fast ihre Kräfte. Noch nie hatte Mutter Lydia wankende Knie – aber jetzt! Kommt irgendeine Nachricht von Mosche? Die Frage durchschießt ihren Sinn. Als Mutter Lydia den Schlüssel umdreht und das schwere Holztor öffnet, steht da ein Uniformierter. Nein, kein Deutscher, sondern ein einheimischer Polizist, den sie schon öfter in der Stadt gesehen hat, wenn er den Verkehr regelt. »Kommen Sie in den Hof!«, bittet Lydia. Aber er will nicht näher treten, sondern überreicht Mutter Lydia einen braunen Umschlag: »Frau Mendelsohn? Hier, die Judensterne für euch, die ab heute Abend auf der Kleidung zu tragen sind – von jedem Familienmitglied. Vergiss das nicht, denn das hätte schlimme Folgen.«

Der Polizist öffnet den Umschlag und prüft laut zählend die fünf Stoffsterne. »Das ist Befehl vom Oberkommando der deutschen Wehrmacht, die Sterne jeden Tag im Wechsel zu tragen: heute Abend auf der Herzseite – morgen auf der rechten Seite!«

»Fünf Sterne?«, fragt Mutter Lydia verblüfft. »Und für den vier Monate alten Joshua gilt das Tragen des Sterns noch nicht?«, will sie wissen und schaut den Polizisten mit ihren dunklen Augen fragend an.

»Ich sagte: Jedes Familienmitglied hat den Stern zu tragen!«

»Aber ich habe vier Kinder – und für mich und für meinen Mann …!« Mutter Lydias Stimme bebt: »Wir sind sechs Mendelsohns.«

Der Polizist dreht sich schon zum Gehen um: »Daran hast du dich zu gewöhnen: Ihr seid fünf Mendelsohns!«

Mutter Lydia schließt das Tor und dreht das Schloss zweimal um: »›Fünf Mendelsohns!‹ – stimmt nicht!«

»Fünf Mendelsohns?« Esther kommt über den Hof gesprungen und steht alsbald neben ihrer Mutter: »Was sagst du fortlaufend, Mutter?«

Doch Esther erhält keine Antwort, sieht aber, wie sich ihre Mutter den Zipfel der teigbekleckerten Schürze in den Mund steckt, um nicht antworten zu müssen, um nicht ihr bitteres Leid hinauszuschreien. Doch ihre Tränen kann sie nur schlecht verstecken.

Der Generalfeldmarschall Walter von Reichenau setzt sich in einen bequemen Lehnstuhl, legt seine gestiefelten müden Beine auf den niedrigen Couchtisch und prüft genüsslich die von seinem Untergebenen hereingebrachten »Säuberungsberichte« aus den besetzten Ostgebieten. »Gute Arbeit!« Ein Lächeln huscht über sein braun gebranntes Gesicht: »Dafür ist womöglich ein besonderes Lob, eine Auszeichnung aus der allerhöchsten Führungsetage des Sonderkommandos der Wehrmacht für mich drin.« Er blättert in den vielen Seiten. »Da bin ich mir sicher! In Zeiten, in denen wir jetzt leben, zählen jüdische Menschenleben nichts: Es zählt der Triumph!«

Der Generalfeldmarschall durchblättert noch einmal die zahlreichen Listen mit den zusammengestellten Zahlen aus den besetzten Gebieten der Ukraine – nunmehr noch zufriedener. Er schenkt sich selber den – so meint er – »wohlverdienten« Schnaps ein, hebt die Flasche vors Gesicht, um festzustellen: Der Trunk ist zwar nicht von allerbester Qualität, aber immerhin genießbar und just in dieser Stunde sogar ein Genuss. Noch einmal füllt er das recht große Glas und leert es in einem Zug aus: »Ausradieren! Ja, ausradieren will ich diese jüdische Sippschaft. Restlos! Ohne Rücksicht! Wenn es unseren Männern schon beim Einmarsch in Feindesland bewusst ist, wie sie zu handeln haben, wie sie mit jener menschenunwürdigen Volksschicht umzuspringen haben, dann werden wir hinter dem Frontverlauf keine rückwärtigen Turbulenzen erleben. Ausradieren! Die jetzt schon vorliegenden Zahlen der problemlos Ausradierten sind beachtlich.«

Er schmunzelt zufrieden über seine Formulierung, die er heute mit dem Fernschreiber dem Führerhauptquartier hat zukommen lassen. Kopfnickend und mit seinem schon oft verwendeten »Ja, ja!« liest er den von ihm selbst verfassten Text – Satz um Satz. Wirklich, ein gelungenes Schriftstück, das dem Führer gefallen wird! Ihm ist wichtig: Nicht die brutale SS – die Schutzstaffel – hat das Sagen, das letzte Wort im besetzten bolschewistischen Gebiet: Er, der Freund des Führers und Oberbefehlshaber der 6. Armee, bestimmt, was in den besetzten Ostgebieten zu geschehen hat!

Also, darauf noch ein Gläschen! Seine Bemühungen begießt er ausgiebig – wie es sich gehört! Seine Zunge lallt seinen »Reichenau-Befehl« vor sich hin, auf den er stolz ist, weil er deutlich zeigt, wie Heerestreue auszusehen hat:

Der Soldat ist im Ostraum nicht nur ein Kämpfer nach den Regeln der Kriegskunst, sondern auch Träger einer unerbittlichen völkischen Idee und der Rächer für alle Bestialitäten, die deutschem und artverwandtem Volkstum zugefügt wurden. … Deshalb muss der Soldat für die Notwendigkeit der harten, aber gerechten Sühne am jüdischen Untermenschentum volles Verständnis haben. Sie hat den weiteren Zweck, Erhebungen im Rücken der Wehrmacht, die erfahrungsgemäß stets von Juden angezettelt wurden, im Keime zu ersticken.

Und wie der Generalfeldmarschall von Reichenau richtig kalkuliert hat, kommt mit dem Morseticker noch am selben Tag aus dem Führerhauptquartier Lob und Beifall:

Der Befehl an Ihre Truppen ist ausgezeichnet! Er ergeht nun als Befehl an alle Armeekommandanten an der Sowjetfront. Der Führer.

Wenn der Generalfeldmarschall nicht schon beschwipst wäre, könnte er einen Luftsprung veranstalten. Dennoch: Seine Freude über einen »Ostbefehl« an die Wehrmacht erreicht er auf andere Weise – er trinkt noch einen weiteren Schnaps. Denn nun ist der Weg zum Ausradieren der Juden frei! Und da hat er gleich noch eine Prachtidee zur Hand: In den von deutschen Truppen besetzten Gebieten der Sowjetunion kann sofort mit einigen neuen Methoden zur Ermordung von Juden experimentiert werden. Eine dieser neuen »Erfindungen« ist: möglichst viele Juden in einen geschlossenen Lastwagen einzusperren, in dessen Laderaum die Abgase eingeleitet werden. Der Erstickungstod ist zwar nicht angenehm – aber sicher! Das unauffällige Entsorgen der Leichen ist einfach, da das sonst erforderliche Aufladen auf Lastkraftwagen entfällt: Sie sind bereits aufgeladen. Das Abladen der Toten in Massengräber kann dann zur Nachtzeit erfolgen und bleibt neugierigen Augen verborgen. Der Rest dieser »Übung« ist nur noch eine Kleinigkeit! »Genialer ist das Ausradieren der Judenrasse nicht zu erledigen«, prostet sich der Herr Generalfeldmarschall selbst zu.

Pünktlich um acht Uhr blickt der deutsche Heeresoffizier vom Podest über den mit schwarz gekleideten Männern gefüllten Marktplatz, greift nach dem Mikrofon und ordnet die Kontrolle an: »Wir überprüfen zuerst, ob jeder von euch heute den gelben Stern auf der linken Brustseite angeheftet hat.«

Die mehr als vierhundert Männer werden namentlich aufgerufen. O Schreck: Es gibt acht Schtetl-Bewohner, die entweder ihren Judenstern unterwegs verloren haben – wie sie behaupten – oder deren Stern irrtümlich rechts aufgenäht worden ist. Diese acht werden in die Nähe des Podestes geschubst, dorthin, wo eine Reihe leerer, eimergroßer Behälter aufgestellt ist. Der Offizier dröhnt mit seiner militärisch klingenden Stimme: »Ihr acht Juden seid Idioten! Aber gut, ihr bekommt eine Chance von mir. Jeder nimmt einen der Behälter, die hier stehen, und geht im Laufschritt zur Flussstelle, wo auch sonst Wasser geschöpft wird. Ihr habt die Behälter randvoll mit Wasser zu füllen. Verstanden? Innerhalb von fünfzehn Minuten seid ihr wieder hier und stellt die Behälter vor mir hin. Wenn jemand zu spät kommt oder unterwegs Wasser verschüttet hat, dann wehe ihm! Ich bringe ihn eigenhändig um!«

Die Bestraften rennen bereits zum Fluss, als der Offizier demonstrativ seinen Revolver aus der Gürteltasche zieht, sie hochhebt und anschaut: »Dieses Instrument wird euch Beine machen«, ruft er den acht über den Lautsprecher nach. »Beeilt euch! Sonst …!«

So mancher der Männer auf dem Marktplatz fragt sich im Stillen, was diese Schikane soll.

Am Fluss angekommen, ist es nicht schwer, die Behälter randvoll mit Wasser zu füllen. Doch dann erschrickt einer nach dem anderen: Jeder Behälter hat seitlich mehrere Löcher, die vermutlich mit Nägeln eingeschlagen wurden. Wie kann man nun das Wasser im Behälter halten? Es sind viele Löcher, aus denen ein dünner Wasserstrahl fließt. Und der Behälter soll dem deutschen Offizier randvoll überreicht werden! »Ich habe zu wenige Finger, um die Löcher zuzuhalten!« Kleine Zweige werden versuchsweise in die Löcher gestopft. Meist vergebens. Und das kostet wertvolle Minuten! Angstschweiß bricht bei den Wasserholern aus. Die Zeit drängt. Normalerweise braucht ein Fußgänger vom Flussbett bis zum Marktplatz – auch wenn er ein strammes Tempo draufhat – mehr als zehn Minuten. Einer von ihnen ruft verzweifelt, als er das Malheur bemerkt: »Die dünnen Wasserstrahlen reduzieren die Wassermenge gehörig. Doch besser pünktlich den Behälter vor das Podium gestellt als auf die Wassermenge schauen.« Nun rennen die acht Männer die Straße hoch, die zum Marktplatz führt, die Behälter vor sich haltend – ein schwieriges Unterfangen. Sie rennen wie verrückt, um die Zeitvorgabe einzuhalten.

»Was wird werden?«

»Wie wird diese Prozedur für uns enden?

Der Wasserstand in den Behältern senkt sich zusehends. Und was noch schlimmer ist: Die Zeit wird knapp. Sehr knapp!

Nicht nur die acht Wasser schleppenden Männer schwitzen aus allen Poren, während sie um ihr Leben zum Marktplatz rennen. Die Septembersonne scheint an diesem Morgen derart beharrlich auf die Männer, die den Marktplatz bevölkern, dass auch bei ihnen der Schweiß rinnt. Werden die Wasserholer die gesetzte Zeit einhalten? Die Spannung wächst ins Unerträgliche. Mancher stellt sich auf die Zehenspitzen, um besser über die Menge schauen zu können, ob die Wasserträger endlich kommen. Hunderte Männer bangen.

»Wann kommt ihr?«

»Macht schon!«

»Beeilt euch!«

»Die Zeit verstreicht!«

Der ein oder andere bemerkt seine Füße: Sie sind vom Herumstehen auf dem heißen Marktplatz dick angeschwollen. Alle Männer schweigen. Aber ihre Augen richten sich auf den Weg, der in den Marktplatz mündet. Noch immer ist keiner der Wasserholer in Sicht. Wasser! In der Hitze, die auf dem Marktplatz brütet, wächst von Minute zu Minute in den Männerkehlen der Durst. Das Warten hat ihre Kehlen völlig austrocknen lassen. Niemand räuspert sich. Warten kann unerträglich, ja quälend werden. Ob es wenigsten einer der acht schaffen wird, mit randvollem Behälter pünktlich zu erscheinen? Inzwischen sind zwölf Minuten um – und keiner von ihnen ist auf dem Marktplatz eingetroffen. Das Bild, wie der deutsche Offizier vorhin seine Schusswaffe in die Höhe hielt, steht allen drohend vor Augen. »Wird er seine Ankündigung wahrmachen?«, fragt sich so mancher.

»Was passiert, wenn sie es nicht schaffen, die Zeit einzuhalten?«

»Werden sie von diesem grimmigen Offizier begnadigt oder doch mit dem Tode bestraft?«

»Jetzt müssten sie aber kommen! Nur noch eine Minute verbleibt!«

Ein leichter Windhauch streift für Momente den Wartenden einen angenehmen Hauch von Kühlung über die Gesichter. Es ist, als ob die Hand Gottes eine gute Brise auf die Judenmänner legt. Wenn auch nur für Augenblicke, aber diese Momente tun jedem auf der Haut, ja bis in die Seele wohl.

»O Himmel, sie schaffen es nicht! Die Zeit ist um! Was passiert gleich mit den Männern? Wir kennen sie gut – ihre Familien auch.«

So mancher hält seine Taschenuhr in der Hand und schaut auf den Minutenzeiger. Ein unruhiges Murmeln wird hörbar, als die fünfzehn Minuten verstrichen sind: Keiner der acht Wasserholer ist auf dem Marktplatz erschienen.

Der zornentbrannte deutsche Heeresoffizier stellt sich schon auf das Podium, sagt aber kein Wort. Er hält seine Stoppuhr in der rechten Hand hoch und lässt seinen Blick nicht von ihr. In seinen starren Augen nistet Unheil.

Was treibt den Mann? Als das deutsche Militär vor einigen Monaten unerwartet Russland den

Krieg erklärte und sofort in das weite Sowjetland einmarschierte, standen die Ukrainer an den Straßen und jubelten den deutschen Soldaten zu, warfen ihnen Blumen entgegen; ja, es gab in der Bevölkerung hohe Erwartungen an die »Deutschen«, die als Befreier vom Sowjetsystem angesehen wurden.

Aber dieser Offizier – ist er vom Teufel besessen? Was will er mit den jüdischen Männern, die er auf den Marktplatz beordert hat? Hat er Böses mit ihnen vor?

Noch immer hält der Offizier seine Stoppuhr schweigend in der rechten Hand hoch. Sein zorniger Blick wird immer brutaler.

Endlich – der erste Wasserträger keucht wankend herbei, den Behälter an seiner Brust tragend. Aber zu spät! Die letzten hundert Meter taumelt er mehr, als dass er flott daherkäme. Ein zweiter kommt in Sicht. Doch noch geschafft. Wer ist es? Alle Männer recken die Hälse noch höher, um sein Gesicht zu erkennen. Mancher der Wartenden schwenkt mit seinem schwarzen Hut den Kommenden einen Willkommensgruß zu – eine nicht ungefährliche Handlung, die der Offizier durchaus mit einem kurzen, strafenden Blick über die Männerversammlung registriert.

Schließlich ist auch der achte Wasserschlepper da und stellt seinen Behälter vors Podium.

Der Offizier macht einen langen Hals, als wolle er die Wasserstände in den lecken Behältern feststellen. Missgelaunt schaut er auf seine Stoppuhr und steigt vom Podium zu den acht Bestraften herunter und brüllt sie an: »Ihr Ochsen!«

Auch jene Männer, die in der Menge am Rande stehen, vernehmen sein knallhartes, militärisches Schreien: »Ihr Wildschweine! Ihr habt unterwegs das Wasser gesoffen! Kein einziger Behälter ist bis zum Rand gefüllt.«

Mit schnellem Tritt fußballert er jeden Behälter in die Luft. Das restliche Wasser breitet sich über dem Kopfsteinpflaster des Marktplatzes aus und versickert schnell.

»Jeder von euch Säuen ist zu spät gekommen! Wisst ihr, was das bedeutet? Ihr habt eure Chance vertan.«

Bevor auch nur einer der acht immer noch keuchenden Männer ein erklärendes Wort oder eine Entschuldigung herausbekommt, zieht der Offizier seine Schusswaffe aus dem Hüftgürtel: »Das ist euer Lohn!«

Paff – ein Schuss. Paff – noch einer. Paff! Paff, paff, paff!

Einige der Männer, die auf dem heißen Marktplatz stehen, kneifen die Augen zu. Weitere Schüsse fallen und hallen von der weißen Kirche zurück auf die große Männerversammlung. Als auch der letzte Wasserträger tödlich getroffen umgefallen ist, steigt der Offizier wieder auf sein Podium, ergreift das Mikrofon und brüllt hinein: »So geht das! Merkt euch das! Und nun verschwindet!«

Zweimal atmet er tief durch und schreit dann kaltschnäuzig: »Morgen um acht Uhr will ich jeden von euch hier sehen. Mit dem Stern auf der richtigen Seite! Morgen wird ein besonderer Tag. Alles wird dafür schon vorbereitet. Los! Verschwindet aus meinen Augen, ihr Eberferkel! Aber schnell!«

Die Schultern hochgezogen und den Kopf nach unten zum Kopfsteinpflaster gebeugt, zieht so mancher Schtetl-Mann mit dem Gedanken in sein Ghetto: Wer sagt meiner Nachbarsfamilie Bescheid, was soeben mit ihrem Angehörigen geschehen ist? Oder ist es meine Pflicht, die Todesnachricht zu überbringen? Habe ich die

Kraft, von der Gräueltat des grimmigen deutschen Offiziers ausführlich oder kurz zu berichten? O Himmel! Steh mir bei!

Deutsche Soldaten werfen die Getöteten pietätlos auf einen Lastwagen, als ob es Mehlsäcke wären; dann fahren sie in Richtung des Fichtenwaldes, der einen Kilometer vor der Stadt Radomysl auf dem Sandweg leicht zu erreichen ist.

Die Stadt Radomysl liegt in einem weiten Waldgebiet, das manchem Forstarbeiter jahrein, jahraus eine gute Beschäftigung in dieser »grünen Lunge« bietet, wie sie ihr Waldrevier nennen. Das Militärfahrzeug fährt auf dem sandigen Weg der Lichtung entgegen. Die acht Erschossenen werden hier ihre letzte Ruhe in einer Kuhle finden, denn der jüdische Friedhof existiert nicht mehr, seitdem deutsche Panzer den Gottesacker platt gewalzt haben. Keiner der mehr als vierhundert Männer wagt es, sich an diesem Tag auf den Straßen von Radomysl blicken zu lassen. Es ist auch zu grausam, was sich heute vor ihren Augen abgespielt hat, als dass sie ihren Frauen und Kindern darüber ausführlich berichten könnten. Ihre verletzten Gefühle und ihre weinenden Seelen kommen den ganzen Tag nicht zur Ruhe. Und viele von ihnen begehen darum den Tag in

Schweigen, aber mit der stillen Frage im Herzen: »Was wird morgen werden? Was kann der angekündigte morgige Tag Gutes oder ›Besonderes‹ bringen, wenn heute acht Verbrechen auf dem Marktplatz geschehen sind?«

»O Gott, was wartet morgen auf mich?«

In den niedrigen Häusern der fünf Ghettos in Radomysl beten in dieser Nacht unaufhörlich die Hausväter mit ihren älteren Söhnen aus dem Psalm 57 ihres Königs David. Ihr Klagen und Weinen ist bis auf die Straßen zu hören

Sei mir gnädig, o Gott, sei mir gnädig,
denn zu dir hat sich meine Seele geflüchtet
und im Schatten deiner Flügel
will ich Zuflucht suchen,
bis das Unheil vorüber ist.
Ich rufe zu Gott, dem Höchsten,
zu dem Mächtigen, der meine Sache hinausführt.
Er sende Hilfe vom Himmel und rette mich,
mag auch lästern, der mir nachstellt.
Fest ist mein Herz, o Gott,
fest ist mein Herz;
ich will dir singen und auf der Fiedel spielen!
Sei mir gnädig, o Gott … sei mir gnädig!

Auf dem großzügig angelegten Schulhof der Mittelschule gibt es an diesem Morgen vor Unterrichtsbeginn viel Neues zu bestaunen: Alle jüdischen Kinder kommen mit aufgenähtem gelbem Stern an ihren Blusen und Hemden. »Warum macht ihr das? Muss das sein?«, wollen die nicht jüdischen Kinder wissen. »Ist das eine Auszeichnung?«

Dimitry, der neunjährige Sohn des Bäckers, der immer alles besser weiß, ulkt: »Das ist keine Auszeichnung, sondern eine Bezeichnung! So sagt es mein Vater.«

»Quatsch nicht so doof!«, ruft ein Klassenkamerad.

»Noch einmal so ein blödes Wort von dir, dann beziehst du eine Tracht Prügel von uns«, gibt ein älterer Schüler aus der zehnten Klasse zu verstehen.

»Ist ja schon gut«, kontert Dimitry, »aber ich werde meinem großen Bruder Bescheid sagen, was du mir angedroht hast. Der wird dich verhauen, weil du ein Judenfreund bist.«

Nina bewundert den gelben Stern, den ihre Freundin Esther trägt: »Am liebsten würde ich auch einen solchen Stern an der Bluse haben. Wo hast du ihn her, Esther?«

Die Schulglocke läutet. Die Klassen füllen sich mit Kindern – mit »solchen« und »solchen«. Die Klassenlehrerin ordnet gleich zu Beginn der ersten Stunde an: »Alle Kinder ohne Stern setzen sich in die vordersten Reihen. Die anderen« – und in ihrer Stimme liegt eine gewisse Abwertung, als sie dies Wort ausspricht – »setzen sich in die hinteren Reihen.« Mit ihrer Hand deutet sie an: »Macht schnell!«

Esther und Nina schauen sich an – sie verstehen sich. Nina meldet sich: »Frau Lehrerin, Esther bleibt mit ihrem Stern neben mir. Wir sitzen schon immer zusammen und ich meine, das kann so bleiben, oder?«

»Nein, das kann ab heute nicht so bleiben!«

»Na gut, dann gehe ich mit Esther in eine der hinteren Bänke.«

Die Lehrerin billigt den Vorschlag: »Wenn ihr wollt, dann bin ich einverstanden – aber nur für heute.«

»Nein, für immer, Frau Lehrerin«, trumpft Nina auf und drückt unter der Bank die Hand ihrer Freundin.

»Morgen sehen wir weiter, Kinder«, ergänzt die Lehrerin, »aber ich sage euch jetzt noch etwas Wichtiges. Das habt ihr zu Hause euren Eltern und Geschwistern zu weiterzusagen: Ab heute kauft kein Ukrainer mehr bei Juden ein – und umgekehrt. Weder auf dem Markt noch im Geschäft. Verstanden?«

»Nein, das haben wir nicht verstanden«, meint Dimitry. »Unser Brot schmeckt allen Menschen. Und wo sollen Juden ihr Brot sonst kaufen als bei uns? Klar, sie können selber backen. Das weiß mein Vater. Aber schmecken tut unser Br...«

»Dimitry, du hältst deinen vorlauten Mund!«, unterbricht die Lehrerin den Bäckerssohn.

Nina steht mit Esther vor der letzten Schulbankreihe: »Hauptsache, wir sind zusammen«, flüstert sie ihrer Freundin zu. Als beide sich hingesetzt haben, kritzelt Esther auf einen Zettel: »Ich weiß was«, und schiebt den schmalen Papierstreifen so unauffällig wie möglich ihrer Freundin Nina zu. Die liest und schreibt auf die Rückseite: »Ich weiß auch was: Wir bleiben Freundinnen.«

In der letzten Reihe ist man längst nicht so unter dem scharfen Blick der strengen Lehrerin. Also wandert der Zettel wiederholte Male – hin und her.

»Heute bekomme ich meine Violine«, liest Nina.

Ratsch! Der zugeschobene Zettel bleibt eine Weile unter ihrer Hand verborgen, weil die Lehrerin den schriftlichen Austausch anscheinend doch mitbekommen hat, denn sie nähert sich den beiden Freundinnen, schaut sie einige Augenblicke streng an, dreht sich um, ohne ein Wort zu verlieren, und schreitet nach vorn zur Wandtafel, um den begonnenen Unterricht fortzusetzen. Hinter ihrem Rücken schaukeln beide Mädchen vielsagend und fast im Takt hin und her: »Du hast bei uns nichts entdeckt! Ätsch! Du hast uns nicht erwischt!«

So eine hintere Bank hat viele Vorteile. Die beiden Mädchen schauen einander an und kichern still vor sich an.

Das will Nina nicht vergessen: In der Pause muss sie Esther als Erstes fragen, ob ihr Vater nach Hause gekommen ist, um ihr heute die Violine zu überreichen, das Geburtstagsgeschenk.

Auf dem Schulhof vertraut Esther ihrer Freundin an: Nein, ihr Vater ist immer noch nicht nach Hause gekommen. Aber ihre Mutter will nicht länger warten und das Geschenk heute Nachmittag aus dem Versteck holen. »Du kommst doch heute, Nina? Dann feiern wir beide mit Mutter und den drei Kleinen noch einmal etwas Geburtstag. Nachträglich.«

Beim Mittagessen erzählt Vater Igor seiner Frau Vera: »Die Deutschen haben mich heute im Büro besucht und befohlen, um zehn Uhr in der Ortskommandantur zu sein, die vorerst in unserem Rathaus untergebracht ist. Ich war pünktlich dort, aber so ganz wohl in der Haut war mir nicht: Was wollen die Besatzer von mir? Der Ortskommandant gab sich aber freundlich und meine innere Unruhe ist daraufhin ziemlich schnell verflogen. Er hat mich beauftragt, sämtliche Brücken im Umkreis unserer Stadt zu reparieren, die durch ihre schweren Lastwagen und Panzer beschädigt worden sind. Der Kommandant hat nicht gefragt, ob ich den Auftrag annehme, nein, er hat mir befohlen, die Ausbesserung sofort in Angriff zu nehmen, denn in den kommenden Wochen würden sich noch mehr Panzer aus Deutschland in Richtung Osten in Marsch setzen – und dafür müssen sämtliche Brücken in einem ordentlichen Zustand sein, um den unaufhaltsamen Endsieg über Bolschewisten und Kommunisten erringen zu können. ›Sie reichen mir jede Woche einen schriftlichen Bericht über den Zustand der von Ihnen reparierten Brücken ein! Verstanden? Material- und Lohnkosten werden Ihnen danach hier in der Ortskommandantur ersetzt.‹ So hat er zu mir gesagt.«

Igor hält kurz inne, bevor er fortfährt: »Ich ging dann, aber wohl ist mir bis jetzt nicht dabei. Denn nun bin ich ungewollt zum Handlanger der Deutschen gemacht. Als ich schon eine lange Strecke mit dem Motorrad gefahren war, hielt ich bei einer stark demolierten Brücke an, um sie mir näher anzuschauen. Aber der Gedanke an das Gespräch mit dem Ortskommandanten quälte mich weiter. Ich setzte mich am Waldrand hin, um meine neue Lage und den Auftrag der Deutschen zu durchdenken.« Wieder macht er eine kleine Pause.

»Höre ich hinter mir das Knacken von trockenen Ästen? Ich drehe mich rasch um, aber sehe niemanden. ›Ist da jemand?‹, rufe ich in den Wald hinein. Eine Antwort bleibt aus. Sollte ich mich etwa verhört haben? Nein! Ich springe auf und rufe noch einmal, jetzt aber lauter als vorher. Da sehe ich, wie sich im Unterholz einige Menschen verstecken. Ich bin mir nicht sicher, ob ich das Motorrad am Wegesrand unbeaufsichtigt lassen kann. Doch dann gehe ich entschlossen auf die Gruppe zu: ›Kommt zum Vorschein, wenn ihr keine Banditen seid!‹

Es sind vier junge Männer, die den gelben Stern tragen. Ich winke sie heran, doch erst ducken sie sich, dann wollen sie sich im Galopp davonmachen.

›Hallo, ich bin kein Deutscher!‹, rufe ich ihnen zu. Sie bleiben stehen. Zuerst wagt sich nur einer von ihnen langsam zu mir. Er gibt an, der Dorfschullehrer aus der Umgebung von Malyn zu sein, der seit gestern mit seinen drei Freunden auf der Flucht vor den Deutschen sei.

›Kommt, setzt euch zu mir‹, lade ich die vier ein und schaue sie mir näher an. Es sind gutmütige Männer, aber es steht ihnen der Schrecken in den Augen. Plötzlich schaut der junge Lehrer mich an – lange, als wolle er mir etwas mitteilen – und traut sich dann doch nicht.

›Hast du Hunger?‹, frage ich ihn. Er schüttelt den Kopf. ›Durst?‹

Die drei anderen jungen Männer sitzen regungslos um mich herum. ›Schreckliches ist passiert. Deswegen sind wir aus unserem Schtetl auf und davon.‹«

Vater Igor holt tief Luft. Sein Blick fällt auf Nina, deren große blaue Augen gespannt auf ihren Vater gerichtet sind. »Kind, das ist keine Geschichte, die deinem Herzen guttut. Geh, nimm deine Geschwisterchen mit nach draußen und spiel im Sandkasten mit ihnen – oder spielt Verstecken.«

»Papa, ich bin doch schon groß genug, um Geschichten zu verstehen, die meinem Herzen nicht guttun.«

»Ja, Nina, du bist wirklich schon groß. Aber ich denke an die Kleinen. Sie müssen noch nicht alles hören, was Erwachsene sich zu erzählen haben.«

»Gut, dann gehe ich mit den Kleinen nach draußen und spiele mit ihnen. Aber du erzählst mir später diese Geschichte?«

»Abgemacht!«, vertröstet Vater Igor seine älteste Tochter, auf die er stolz ist, weil sie mit ihrer Klugheit die Erwachsenen stets überrascht.

Mutter Vera hat ihrem Mann ein Glas Wasser hingestellt, das sie soeben aus der Tiefe ihres Brunnens hochgezogen hat. Vater Igor hat ihn schon vor rund zehn Jahren im Innenhof selber gegraben. Auch in den trockenen Sommerjahren hat der Brunnen ausreichend Wasser, das zudem wohlschmeckend ist.

Igor berichtet nun weiter:

›Vorige Woche sind deutsche Truppen nach Malyn einmarschiert!‹, erzählte mir der junge jüdische Lehrer. ›Es ist dabei kein einziger Schuss gefallen, weil die Rote Armee vom deutschen Überfall völlig überrascht wurde. Doch vorgestern teilten die Deutschen an uns Juden gelbe Sterne aus, die wir fortan zu tragen haben. Schau, so sehen sie aus‹ – und er zeigte mir den mit einer Sicherheitsnadel an seinem durchschwitzten Hemd befestigten Stoffstern mit der Aufschrift ›Jude‹.

›Dann entdeckten deutsche Soldaten ein zwölfjähriges Mädchen, die zu unserer Synagogen-Gemeinde gehörte und den gelben Stern nicht trug. Sie wollte ihn nicht tragen – aus Protest. Die Soldaten nahmen sie mit. Sie widersetzte sich mit Händen und Füßen, was ihr wenig half. Am selben Nachmittag wurde vor unsere Synagoge ein eiserner Stuhl gestellt, an den die Soldaten sie mit Metalldrähten banden. In ihren Mund stopften sie Papier, damit sie mit ihrem Schreien nicht noch mehr Leute aus dem Dorf auf das aufmerksam machte, was nun passieren würde. Aus den jüdischen Familien waren fast alle gekommen. Auch Nichtjuden waren zugegen und schauten zu, als die Deutschen unter dem Stahlstuhl ein Feuer legten. Dann entdeckten wir Zuschauenden: Soldaten hatten sich mit ihren Karabinern im Kreis um uns gestellt. Wir konnten den Ort des Grauens nicht mehr verlassen. Doch zuschauen – wer vermochte das schon? Wir wandten uns von der Grausamkeit ab. Aber wegrennen war unmöglich: Die deutschen Soldaten hielten ihre Gewehre im Anschlag – direkt auf uns gerichtet. Einige der Anwesenden schluchzten. Weinten.

Erst brannten die Kleider des Mädchens, dann ihre langen Haare – und der Geruch von verbranntem Fleisch erfüllte die Luft. Ich musste mich übergeben. Es blieben schließlich nur Asche und Knochen.

Diese Gräueltat solle uns ein mahnendes Zeichen sein, schrie ein deutscher Offizier. Wer als Jude seinen gelben Stern nicht tragen wolle, dem würde es wie diesem Mädchen ergehen.

Darum sind wir noch am selben Abend aus unserem Ort geflohen – wir vier.‹

Ich bin aufgesprungen und habe ihnen erklärt: ›Fürchtet euch nicht! Ich fahre jetzt los und hole euch etwas zu essen. Wenn Menschen kommen, versteckt euch schnell. In einer halben Stunde bin ich zurück. Wenn ihr mein Motorrad hört, schaut euch um: Sind keine Menschen in Sicht, dann treffen wir uns hier. Treten Menschen in euer Blickfeld, dann versteckt euch dort, wo ihr vorhin gesessen habt. Ich finde euch – wenn die Luft rein ist.‹

Bevor ich losgefahren bin, habe ich jedem die Hand gereicht: ›Schalom! Schalom! Gottes Friede sei mit dir!‹ Und sie haben geantwortet: ›Schalom! Gott segne dich!‹

Ich habe Brot gekauft und reichlich Käse. Als ich zu ihnen zurückkehrte, war weit und breit kein Mensch zu sehen. Auf den Gesichtern der vier jungen Männer entdeckte ich ein stilles Lächeln, als sie mich mit den Broten, den Limonadenflaschen und den verschiedenen Käsesorten kommen sahen. Unter den hohen Fichtenbäumen sind wir zu fünft niedergekniet – mir war wie in einer Kapelle zumute. Beim Verabschieden sagte ich ihnen ein paar Worte, die sonst nicht zu meinem täglichen Sprachgebrauch gehören:

›Erstens: Untergrund – lasst euch vorläufig nicht in der Öffentlichkeit blicken, denn Soldaten sind oft unberechenbar.

Zweitens: Eins-Sein – bleibt so lange wie möglich zusammen! Haltet Frieden untereinander. Bleibt füreinander verantwortlich, dann wird es euch wohlergehen.

Drittens: Neuer Treffpunkt – schlagt euch durch die Wälder zur Kolchose in Neudorf durch, 25 Kilometer von hier in östlicher Richtung. Der Kolchosleiter ist Christ. Ihm vertraut! Stellt ihm euch als meine Freunde vor und arbeitet in den Ställen und auf den Äckern – bis die deutsche Gefahr gebannt ist. Das kann Jahre dauern.‹ Ich nannte ihnen meinen Namen. ›Wir sehen uns aber jede Woche dort – am Ende des langen Kuhstalls.

Zum Schluss: Gottes Segen – er hält an, solange ihr Gott und seine Menschenkinder liebt.‹«

Als Igor seinen Bericht beendet hat, fragt seine Frau Vera sofort: »Hast du den jungen Männern etwas Geld in die Hand gedrückt? Sie brauchen es bestimmt für Kleinigkeiten.«

»Ja. Es waren sogar fünfzig Rubel in meiner Hosentasche, die habe ich ihnen gegeben. Und ich habe ihnen auch versprochen: ›Am kommenden Dienstag bringe ich euch Seife, Zahnpasta und Zahnbürsten, Socken, Unterwäsche, Hemden und für jeden eine Arbeitshose.‹«

Nina kennt sich mit dem Öffnen des hohen Holztors aus und ruft, als sie den Mendelsohn-Hof betritt, laut nach ihrer Freundin, die bald erscheint.

»Sag, Esther, ist dein Vater auch jetzt noch nicht gekommen, um dir die Violine zu schenken?«

Esther senkt den Kopf: »Mutter hat mir vorhin das Geschenk gegeben. Sie war traurig. Und darum bin ich es auch. Ich mochte Vaters Geschenk noch nicht auspacken.«

»Und dein Vater? Hat er sich nicht gemeldet?«

»Vater …«

»Esther, nun fang nicht an zu heulen. Ich möchte das Geschenk sehen. Wir packen es gemeinsam aus und dann spielst du das Menuett von Mozart, das wir in der Musikschule miteinander eingeübt haben. Komm, Esther, sei tapfer und zeig mir deine Violine.«

Das Überraschungs-»Ah!« wiederholt sich. Alles wird bestaunt: das hellbraune Holz des Instruments; der Bogen und der dazugehörige Harzblock zum Einstreichen der Bogenhaare; der hölzerne Violinkasten. Und immer wieder Ninas »Ah!«, das ansteckend auf Esther wirkt, die anfängt, die vier Violinsaiten und den Bogen zu spannen. Allmählich bricht Glück bei Esther durch – das dann stärker als ihre Trauer ist. Sie spielt. Ja, sie scheint die Umwelt zu vergessen. Sie spielt – wie in einem Traum. Am meisten träumen ja die, die musizieren.

»Esther, mein Kind, lerne es, von deinem Vater zu träumen, der dir ein so großes Geschenk gemacht hat. Dann wirst du immer glücklich sein«, sagt Mutter Lydia. Sie hat sich vorhin vorsichtig ins Wohnzimmer geschlichen, um nicht zu stören. Jetzt, wo Esther das Instrument wieder einpackt, streicht sie ihrer Tochter liebevoll übers schwarzkrause Haar: »Kind, immer wenn du traurig bist, weil Vater dir fehlt, dann spiele auf seinem Geschenk! Dann wird die Trauer in dir sterben, und zwar deshalb, weil schon eine neue Hoffnung in dir geboren ist, die Gott dir in diesem Augenblick schenkt.«

Die beiden Freundinnen schauen Mutter Lydia verwundert an. »Wird Vater nie wieder zu uns kommen?«

»Kind, dein Vater predigte als Synagogenvorsteher von Radomysl einmal über die Hoffnung: ›Wer die Hoffnung vor seinen Wagen spannt, der kommt doppelt so schnell ans Ziel.‹ Vater kennt das himmlische Ziel. Er wird sich freuen, wenn wir ihn dort bald suchen.«

Die Freundinnen lächeln, weil Mutter Lydia ihnen Mut gemacht hat, obwohl sie ihre Worte nicht völlig verstanden haben. Dann umarmen sie sich. Das Glück ist wirklich gegenwärtig.

Der Vollmond hat die Stadt Radomysl in sein fahles Licht eingehüllt. Schon in Friedenszeiten war hier nächtens niemand mehr auf den Straßen zu entdecken. Jetzt zur Kriegszeit ist die Stadt menschenleer. In den Häusern ist das elektrische Licht erloschen. Nur hin und wieder ist der Ruf von Eulen zu hören, die in der westukrainischen Gegend reichlich beheimatet sind. Mit ihrem beruhigenden, lang gezogenen »Uhuuu! Uhuuu!« gehören sie seit Menschengedenken in diese bewaldete Landschaft. Zu hören sind sie am deutlichsten, wenn die Stadtbewohner sich zur Ruhe gelegt haben. Doch beim Vollmondschein dieser Nacht ist das Rufen dieser besonderen Vögel abgehackt und kurz: »Uhu! Uhu!« Ihr Geschrei, das von Viertelstunde zu Viertelstunde lauter wird, mutet angsterfüllt an. Sogar den einheimischen Polizisten, die durch die Straßen der Kleinstadt Radomysl patrouillieren, entgeht dieses merkwürdige Rufen nicht. Überträgt sich die Unruhe der Nachtvögel auf sie? Oder sind sie selber die Verursacher der Unruhe, wenn sie – bewaffnet mit Gewehren aus deutscher Produktion – mit ihren eisenbestückten Stiefelabsätzen auf die Pflastersteine treten?

Klickklack. Klickklack.

»Ständige Patrouille« – so lautet der Befehl der deutschen Wehrmacht an die einheimischen Polizisten. »Beobachtet jede Regung und Bewegung in der Stadt. Bei Tag und bei Nacht!«

Dieser Befehlt gilt auch für Waldemar, der vor Wochen noch Melker auf einer der umliegenden Kolchosen war. Aber als die Wehrmacht in die Ukraine einrückte, imponierte ihm diese militärische Machtfülle. Seine deutschen Urgroßeltern sind vor zwei Jahrhunderten als Siedler in diese Gegend gekommen. Irgendwie wallte das »Deutsche« in Waldemar auf, als er neulich vor ein paar Soldaten stand, die ihn auf der Straße anhielten und auf Deutsch nach seinem Woher und Wohin fragten. Und er konnte sich in seiner »deitschen« Mundart mit ihnen unterhalten, denn im Elternhaus wird sie bis auf den heutigen Tag gesprochen. In der Schule findet der Unterricht selbstverständlich auf Russisch statt; aber seine Muttersprache ist eben doch das »Deitsche«. Was für ein großartiges Gefühl ihn überwältigte, als die Soldaten ihn in ein ausführliches Gespräch verwickelten, lässt sich nicht rekonstruieren, aber er nahm ihre Einladung gern an, sich beim Ortskommandanten zu melden, um als einheimischer »Polizist« am Endsieg der deutschen Ostoffensive mitzuwirken. Jetzt steckt er in einer schmucken Uniform, kontrolliert am Tage die Fußgänger auf den Straßen von Radomysl – und kommt sich ziemlich »wichtig« vor, weil er nun im Auftrag der Besatzer für die notwendige Ordnung in seiner Heimatstadt sorgt. Auch seine Eltern sind stolz auf ihren 26-jährigen Sohn Waldemar, der es vom gewöhnlichen Melker zum Polizisten geschafft hat. Und welche Eltern sind nicht glücklich, wenn ihre Kinder im Leben gut vorankommen, zumal sein Sold reichlich sprudelt und in keinem Verhältnis steht zum bisherigen bescheidenen Lohn als Melker!

Und seine Frau? Sie ist Lehrerin. Zwar hat sie keine deutsche Familientradition aufzuweisen. Dafür ist sie klug und gebildet und nicht wenig stolz auf Waldemars Spezialdienst.

Der deutsche Ortskommandant hat Waldemar vor zwei Wochen in einem Gespräch sogar gelobt und hat ihn beauftragt: »Melde uns jegliche Unregelmäßigkeit! Das ist fortan deine Pflicht.«

Dieser Auftrag hebt ihn über seine Kollegen hinaus, denn er hat von Geburt an eine Spürnase für Geheimnistuereien, die meistens auf Unordnung beruhen und in Familien ebenso vorkommen wie in der Nachbarschaft oder bei Kollegen. »Du musst stets ein waches Auge behalten. In jeder Situation. Dann entdeckst du genug an Unregelmäßigkeiten im Leben anderer Leute«, so hat sein Vater ihn gelehrt.

Solche väterliche Belehrung hat sein Selbstbewusstsein enorm gehoben.

Nun fühlt er sich endlich seiner klugen Frau gegenüber ebenbürtig. Nicht, dass sie Waldemar auch nur einmal ihre höhere Position als Mittelschullehrerin hätte spüren lassen. Das nicht. Aber jetzt weiß er sich auf gleicher Höhe wie seine Allerliebste. Nun ist er nicht mehr der einfache Melker, sondern befindet sich wie sie in einer gehobenen Stellung – im Dienst bei den »Deitschen«.

Als er vorige Woche von seinem deutschen Vorgesetzten, einem Feldwebel, zur Nachtstreife eingeteilt wurde, da hat er gern eingewilligt. Er mag die Dunkelheit, denn im Dunkeln fallen ihm manchmal die Unregelmäßigkeiten bei anderen Leuten ein, die er am Tage zwar beobachtet hat, denen er aber zunächst keine Bedeutung beigemessen hat.

Klickklack. Klickklack. Waldemar hört seine Stiefelschritte, die wie kurze Metallschläge von den Häusergiebeln widerhallen. Nur das Schreien der Uhus kommt ihm im strammen Rhythmus seiner Schritte ungelegen. Es scheint ihm, dass in jedem der Apfelbäume, die reichlich in den Gärten der Familienhäuschen stehen, in dieser Vollmondnacht ein Uhu sitze, die sich sonst doch nur am Waldrand aufhalten. Und ihr warnendes Geschrei gefällt ihm keineswegs. Waldemar stapft trotzdem pflichtbewusst weiter und überlegt, was mit seinem Verwandten Igor, dem Brückenbauer, sein könnte. Denn in der Stadt wird mit großem Respekt erzählt: Die elfjährige Nina, Igors Tochter, pflegt enge Freundschaft mit Esther, der ältesten Tochter des jüdischen Kunstschmieds Mosche Mendelsohn. Seine Frau hat sogar vor ein paar Tagen aus der Schule berichtet, wie die beiden elfjährigen Mädchen ein unzertrennliches Gespann sind. Die Schülerin Nina hat unbedingt in derselben Schulbank sitzen wollen wie ihre jüdische Freundin, obwohl diese jetzt den gelben Judenstern auf ihrem Kleid trägt. Beide Mädchen üben einen guten Einfluss auf die gesamte Klasse aus. So ähnlich hat seine Frau es ihm erzählt. Wenn die Mädchen gut miteinander auskommen, dann muss doch mehr dahinter sein als nur eine Mädchenfreundschaft. Seine Spürnase sagt ihm: Die beiden Väter kungeln ganz sicher politisch miteinander. So wird's sein! Sie hecken etwas aus, was seinem »deitschen« Arbeitgeber schaden soll. Denn es gibt Ukrainer, die sich gegen die deutsche Besatzung stellen – und aus Protest Schäden verursachen. Womöglich gehören diese beiden Väter dazu. Waldemar hat neulich ein Wort neu dazugelernt: »Sabotage«. Sein Riecher hat ihn bisher noch nie im Stich gelassen: Der Ingenieur Igor, Ninas Vater, plant mit dem jüdischen Kunstschmied Mosche Mendelsohn etwas Schlimmes, das sich gegen seine deutschen Freunde richtet – und damit gegen ihn. Das ist Sabotage. Es wird sich in nächster Zeit bestimmt die Gelegenheit ergeben, sie unauffällig auszuhorchen oder mit Fragen aufs Glatteis zu führen. Irgendetwas stimmt da nicht. Schließlich ist es seine Pflicht, solche »Saboteure« zu überführen, nicht wahr?

Klickklack. Klickklack. Seine Stiefelschritte hört er gern. Sie hallen nicht nur gegen die Giebelwände der Häuser, sondern scheinen seine

Gedanken zu unterstreichen. Gut, gut! Er könnte doch jetzt einmal das Anwesen seines Verwandten Igor anschauen. Der Mond gibt Helligkeit genug, um zu sehen, ob alles um Igors Haus herum in Ordnung ist. Oder sitzen womöglich die beiden Männer im Dunkeln und schmieden Pläne, die der Allgemeinheit schaden?

Schon hat sich Waldemar entschieden: Er wird jetzt seinen Kontrollgang bei Igor Simonenko machen.

Klickklack. Klickklack.

Mutter Vera hat nach dem Abendessen ihre Kinderschar alsbald nach oben in die Schlafzimmer geschickt. »Kinder, es ist Schlafenszeit!« Sie sitzt noch einige Zeit auf den Bettkanten der Kinderbetten, hört sich die Sorgen und Wehwehchen und Erlebnisse ihrer Kinder an, um dann mit ihnen das Nachtlied zu singen:

Weil wir müde sind,
werden wir bald schlafen;
Vater im Himmel,
in deinem Frieden
lässt sich gut ruhen,
denn du, ewiger Gott,

hast uns in deine
Handflächen gezeichnet.
Für immer und ewig.

Längst ist im Hause diese friedliche Kinderruhe eingekehrt, die Vater Igor Simonenko dazu benutzt, sich auf den kommenden Tag vorzubereiten: Die Brücke, über die die Regionalstraße in Richtung Schitomir führt, befindet sich in einem erbärmlichen Zustand und muss dringend repariert werden, bevor sie einstürzt. Für die schweren deutschen Fahrzeuge hat er sie vor Jahren nicht konzipiert. Vor allem nicht für Panzer. Morgen muss er das nötige Baumaterial besorgen: Eisen, Betonkies und Zement. Noch einmal rechnet Vater Igor die erforderlichen Materialmengen aus – und bemerkt vor lauter Eifer seine Müdigkeit nicht. Über den großen, vor ihm ausgebreiteten Papierrollen ist er eingenickt. Er schläft den Schlaf des Gerechten.

Mutter Vera sitzt noch in der Wohnküche und näht bei Kerzenlicht an dem Höschen, das sie als Überraschungsgeschenk zum Geburtstag ihres Kleinen geschickt aus Stoffresten fertigt.

Hört sie Schritte auf dem Gartenweg? Geht da jemand ums Haus? Oder ist sie nur müde? Sie legt erst einmal ihre Handarbeit auf den Küchentisch. Angespannt lauscht sie. Ja, da ist wieder ein Geräusch, das ihr unbekannt vorkommt – und das kurz vor Mitternacht. Sie springt auf, um durchs Fenster zu schauen. Vorsichtig schiebt sie die Gardine zur Seite. Im hellen Schein des Mondes erkennt sie, wie jemand ums Haus geht. Es ist ein Uniformierter. Jetzt bleibt er vor der Hintertür des Hauses stehen, drückt die Klinke und versucht, die Tür zu öffnen. Vergeblich. Was soll das? Ein Polizist? Kurz vor Mitternacht? Was hat er hier zu suchen? Wieder zieht der Mann an die Türklinke. O Graus! Ist irgendwo eine Brücke beschädigt oder eingestürzt und der Polizist sucht Hilfe bei ihrem Mann, dem Brückenbauer? Oder hat dieser nächtliche Besuch einen politischen Hintergrund? In den letzten Tagen sind so viele Männer aus Radomysl verschwunden. Sucht der Polizist zu dieser Nachtstunde etwa ihren Igor, um ihn im Auftrag der Deutschen festzunehmen? Ihr Herz rast. Schnell überlegt sie, ob sie Igor rufen soll. Nein! Der schläft gewiss und soll in seiner verdienten Ruhe nicht gestört werden. O Gott, was muss ich jetzt als Nächstes tun? Und während sie halblaut betet, wird ihr auch schon die Antwort gegeben: Sie will diesem Polizisten entgegentreten.

Sie öffnet das Fenster und ruft: »Du Ruhestörer! Ich sehe dich! Was willst du zur nächtlichen Stunde von uns?«

Der Mann weicht einen Schritt von der hinteren Haustür zurück und stottert: »Hier ist … Waldemar, euer Verwandter. Ich … ich bin Polizist! Kann ich …«

»Rück mit der Sprache heraus, worum es geht, wenn du der Waldemar bist, den ich vor Jahren einmal kurz gesehen habe. Wir sind es nicht gewohnt – auch nicht von fernen Verwandten –, zur Nachtzeit belästigt zu werden.«

Dann nimmt Mutter Vera allen Mut zusammen: »Hast du etwas auf dem Herzen, dann komm morgen in der Frühe, wenn wir unseren Tee trinken und die Kinder auf den Schulweg schicken. Dann ist auch Igor da und du kannst dich mit ihm unterhalten. Aber komm rechtzeitig, denn Igor hat morgen viel zu tun …«

»Igor, ja, den will ich sprechen! Ist er da?«

»Natürlich ist er da. Aber er schläft …«

»Dann hole ihn mir! Ich will ihn sehen …!« Der Ton des Polizisten wird heftiger.

Mutter Vera schließt das Fenster. Soll sie ihren Mann wecken? Für eine Weile setzt sie sich an den Küchentisch und überlegt, ob Waldemar, der

Polizist, eine Gefahr für Igor werden könne. Eigentlich nicht. Leise geht sie die Treppe hinauf.

Igor schläft – über der ausgebreiteten Zeichnungsrolle. Mit leiser Stimme versucht sie ihn zu wecken: »Igor?« Vorsichtig rührt sie ihren Mann an der Schulter an. »Igor!«

Ihr Mann schreckt hoch: »Ist was?«

Sehr schnell versteht Igor, dass irgendeine Gefahr droht, schüttelt seinen Schlaf ab und geht vorsichtig die Treppe hinab, um die schlafenden Kinder nicht aufzuwecken. Für einen Augenblick bleibt er unten an der Treppe stehen, bis seine Frau nachgekommen ist. Er nimmt sie in die Arme: »Vera, erschrick nicht! Du warst sehr tapfer bis jetzt. Bleibe es auch in den kommenden Tagen und Stunden!« Ein Küsschen links und rechts, dann öffnet er das Küchenfenster und sieht seinen fernen Verwandten im Garten stehen.

»Was treibt dich zu uns, Waldemar?«

»Ach, es ist so …«, beginnt der nächtliche Besucher und druckst herum.

»Ist im Straßenbau oder an einer Brücke ein plötzlicher Schaden aufgetreten?«

»Nein, das nicht … Ich wollte nur sehen …«

»Was willst du sehen? Ob ich zu Hause bin?«

»Ja, weißt du: Ich habe für Ordnung zu sorgen. Das gehört zu meinem Amt und Beruf. Und außerdem …«

»Gibt es außerdem noch etwas Wichtiges?«

»Hat sich hiermit erledigt, denn du bist ja zu Hause. Hast du noch einen Gast …?«

»Ja, ich habe Besuch. Sogar von einem Polizisten, der in meinem Garten steht. Und weißt du, wie mir das vorkommt?«

Für einen Augenblick schaut Igor an ihm vorbei, ob sich im Garten noch jemand befindet: »Mir kommt dein nächtlicher Besuch so vor, als würdest du hier ums Haus herumspionieren. Und nun wünsche ich dir künftighin nicht nur eine erfolgreiche Dienstzeit, sondern jetzt auch eine angenehme Nacht!«

Als Igor das Fenster geschlossen hat, stellt er sich vor seine Frau Vera, die seine beiden Hände ergreift: »Igor, das hat hoffentlich keine negativen Folgen, wie du soeben mit Waldemar geredet hast. Bedenke: Er paktiert mit der deutschen Besatzungsmacht, was in unserer näheren Verwandtschaft sonst niemand tut.«

»Ach was, er war schon immer ein Wichtigtuer. Aber ich werde ihn im Auge behalten müssen. Das weiß ich jetzt.«

Vater Igor seufzt einige Male tief, um dann sorgenvoll zu seiner Frau zu sagen: »Unsere eigenen Volksgenossen, ja unsere eigenen Verwandten werden in Zukunft unsere ärgsten Feinde sein. Das weiß ich.«

Der »besondere Tag« startet pünktlich um acht Uhr auf dem Marktplatz in Radomysl. Es wird auf jeden Fall ein heißer Tag werden. Die wenigen Wolken, die tags zuvor am Horizont zu sehen waren, haben sich aufgelöst. Der mäßige Wind wird heute nicht für Kühlung sorgen können, denn er weht nur schwach. Hunderte von Männern – alle in Schwarz gekleidet und mit ihren dunklen Hüten auf dem Kopf – drängen sich auf dem Marktplatz ungewöhnlich eng zusammen – wie eine verängstigte Schafherde.

Wie an den Tagen zuvor ruft der unberechenbare Offizier durchs Mikrofon zuerst alle Namen auf; dabei kontrollieren einheimische Polizisten, ob jeder seinen gelben Judenstern heute auf der richtigen Seite seiner Kleidung trägt. Tatsächlich – es gibt keine Reklamationen: Die Sterne sind bei den über vierhundert Juden – bei jungen und bei alten – ordnungsgemäß angeheftet. So war es von den Deutschen befohlen; und was sie verlangen, das wird erfüllt.

Der Offizier greift erneut zum Mikrofon: »Beanstandungen wegen eurer schönen Sterne haben wir heute nicht. – Ich versprach gestern, euch einen besonderen Tag zu schenken. Tut, was befohlen wird, und keiner wird zu kurz kommen. Stellt euch in Viererreihen hintereinander auf. Danach marschieren wir in Richtung Waldrand. Ein Auto fährt euch langsam voraus. Dem folgt. Keiner macht unterwegs schlapp! Verstanden? Am Waldrand erwartet euch das Besondere, das ich euch versprochen habe. Unsere Lastwagen sind schon dort, um euch zu empfangen.«

Die vierhundert Männer sind zunächst verunsichert, ja ratlos: Wie soll das gehen mit dem Aufstellen in Viererreihen? Doch deutsche Soldaten stehen schon bereit, um die Kolonne zu bilden. »Los! Wird's bald?!«, brüllen die Uniformierten. »Oder müssen wir nachhelfen?« Mit ihren Gewehrkolben stoßen sie den Männern in die Rippen. »Könnt ihr nicht bis vier zählen?! Formiert euch! Auf, auf!«

Es ist geschafft: Eine schier nicht enden wollende Männerschlange hat sich gebildet, die von einem Ende des weiten Marktplatzes bis zum anderen reicht. Das Militärauto, in dem der kommandierende Offizier sitzt, fährt langsam auf dem Sandweg voraus. Die ersten Viererreihen folgen. Es funktioniert: Die ganze Kolonne bewegt sich recht zügig in Richtung Waldrand. Diese mehr als hundert Reihen zu viert – von deutschen Soldaten bewacht, die ihre Gewehre im Anschlag bereithalten. Ein Wegrennen, ein Ausbrechen aus dieser langen Kolonne ist undenkbar und unmöglich. Das sieht jeder ein. Sosehr die Männer in die Weite schauen: Am Waldrand lässt sich das »Besondere« nicht ausmachen. Auch die Militärlastwagen ortet niemand. Nur die Weite ist über ihnen, der strahlende Sonnenmorgen. Dahin blickt so mancher Jude: Sie schauen ins Weite – und beten.

Vom Ortskern aus wird die Kolonne mit besorgten, aber auch neugierigen Blicken der »sonstigen« Einwohner beobachtet. Allmählich erreicht der lange Zug der Männer den Fichtenwald. Der sandige Weg biegt in den Wald hinein. Die Schar der schwarz gekleideten Juden entzieht sich nun den Augen der Stadtbewohner, denn sie verschwindet im dunklen Wald.

Dann ist auf einmal von ferne zu hören, wie

Schüsse fallen: Tacketack! Tack! Tack! Unablässig knallt es im Wald. Ob es eine Militärübung ist? Tacketack! Tacketacke …!

Erst nach sieben Minuten schweigen die Waffen.

Langsam kehrt auf dem sandigen Weg das Militärauto zurück. Der Offizier, der vorhin der Judenkolonne vorausgefahren ist, kommt wieder nach Radomysl. Allein.

Vater Igor und Mutter Vera stehen in der Frühe des folgenden Tages am Bett ihrer Tochter: »Nina, magst du aufwachen?« Mutter Vera streichelt über den blonden Haarschopf ihrer elfjährigen Tochter, die langsam die Augen öffnet und ihre Arme hochhebt. Sie streckt und dehnt sich. Vater und Mutter stehen an ihrem Bett? Wieso?

»Mutter, ist etwas Besonderes passiert?« Doch die Eltern schweigen.

»Vater!«, ruft sie und richtet sich in ihrem Bett auf: »Mutter! Warum seid ihr gekommen, um mich so früh zu wecken?!« Noch immer schweigen die Eltern. Die Mutter nimmt Ninas Hand: »Kind …!«

»Mutter, sag schon!« Doch Vera bekommt kein Wort heraus. Vater Igor setzt sich auf die Bettkante: »Wir wollten dich schlafen lassen, aber … « Er legt seine rechte Hand auf Ninas Bettdecke: »Wir hielten es für besser, dir davon zu erzählen, was wir gehört haben.«

»Gehört? Was habt ihr gehört?«

»Ach Kind, es ist fast zu schrecklich, um es dir zu sagen«, meint Mutter Vera: »Aber in der Frühe hörten wir Jaulen. Wir dachten zuerst, es seien Katzen. Aber dieses Jaulen war so anders. Vater und ich stellten uns an das offene Schlafzimmerfenster. Nein, das waren keine Katzen, die uns aufweckten. Es sind kreischende Frauen, es sind jammernde Kinderschreie, die die Morgenluft füllen.«

»Brennt es irgendwo in der Stadt?«, fragt Nina besorgt. »Dann lasst uns hingehen, um zu löschen!«

»Nina, es ist viel schlimmer als ein Großbrand!«

»Schlimmer?«

Vater Igor nickt seiner Tochter Nina mit traurigem Blick zu: »Ich habe mich angezogen, um die Ursache dieses unheimlichen Heulens herauszufinden, und fuhr mit dem Motorrad los. Aber ich kam nicht weit: Überall stehen Militärautos, in die Kinder eingeladen werden.«

»Kinder werden in Militärautos gesteckt?« Nina hält sich eine Weile beide Hände vor den Mund, dann springt sie aus dem Bett: »Deutsche holen Kinder? Vater!«, ruft sie weinend und zieht ihn am Arm: »Holen sie uns Kinder auch?« Igor verneint mit schüttelndem Kopf. »Du bist ein bekannter Mann in der Stadt. Du kannst es doch verhindern, was die Deutschen da tun. Diese Kinder brauchen Rettung!«

Vater Igor hat sich hingestellt, um seine Tochter fest an sich zu drücken: »Nina, wir kennen dein Herz. Ja, Kinder brauchen stets eine rettende Hand. Ich bin zu den Deutschen gelaufen. Erst schubsten sie mich brutal weg, was ich mir nicht gefallen ließ. Dann zeigte mir ein deutscher Soldat Listen mit den Familien, deren Kinder sie abholen sollen. ›Was ist schon dabei?‹, fragte er und sagte, wohl um mich zu beruhigen: ›Diese Kinder – große und kleine – werden zu einer KLV geschickt.‹ Ich wollte wissen, was KLV ist. Und während die Mütter ihre Kinder um sich scharten und festhielten, damit sie bei ihnen bleiben, erklärte der Soldat mir die Abkürzung: ›Kinderlandverschickung, eine soziale Einrichtung, die in Deutschland längst bekannt ist.‹ Aber ich sah währenddessen, wie andere Soldaten die weinenden Kinder aus den Häusern zerrten. Die Kleinen hatten nur Schlafkleider an. Dramatisch. Eine Mutter hielt ihre beiden Jungen noch an den Händen fest. Doch die Soldaten entrissen ihr die Jungen, und sie fiel rückwärts gegen die Hauswand. Ein Soldat leuchtete mit der Taschenlampe auf seine Liste: ›Da muss noch ein Kleinkind im Hause sein.‹ Er rannte an der Mutter vorbei und kam bald mit dem Baby auf dem Arm aus dem Haus. Die Mutter sprang auf und warf sich dem Soldaten laut schreiend entgegen: ›Gestern habt ihr Deutschen den Vater erschossen! Nun holt ihr meine Kinder!‹ Sie fiel auf die Knie und umklammerte die Beine des Räubers, der der Mutter mehrere Stiefeltritte in den Unterleib versetzte. Sie blieb verletzt an der Hauswand liegen. Ich wollte eingreifen, aber zwei Soldaten hielten mich zurück. ›Mann, noch ein Schritt, und du bist eine Leiche!‹, brüllte mich einer von ihnen an und jagte mich weg. Als ich mit wackeligen Knien zum Motorrad ging, hörte ich überall in der Straße das fürchterliche Schreien der Mütter und das Weinen vieler Kinder.«

»Vater, diese Kinder sollen nach Deutschland?«

»Ich konnte einen schnellen Blick auf die lange Liste werfen, die der eine Deutsche in der

Hand hielt. Da wusste ich Bescheid: Es sind die Kinder aller jüdischen Familien, die abgeholt wer…«

»Esther! Ich muss zu Esther!«

Im Handumdrehen ist Nina in ihre Kleider geschlüpft, die auf dem Stuhl hängen: »Esther und ihre kleineren Geschwister! Ich muss sofort zu Esther und ihrer Mutter!« Nina ist nicht zu halten.

Ihre Mutter ruft: »Kind, wage nicht zu viel!«

Nina stürzt aus dem elterlichen Haus und rennt die Straßen entlang, vorbei an den Ghettos, wo tatsächlich die Militärautos stehen. Sie sieht überall bewaffnete Soldaten. Hört sie da nicht, wie verzweifelte Mütter ihre Schmerzensschreie zum Himmel senden? Ertönt dort nicht das Wimmern und Weinen einer großen Kinderschar, die aus einem Haus gezogen wird? Verzweifelte Rufe nach Hilfe aus den Militärlastwagen, und niemand kommt zum Helfen, zum Retten. Kaddisch-Gebete, die sonst in den Ghettos mehr als laut ausfallen, wenn um das Seelenheil verstorbener Familienangehöriger bei Gott vorgesprochen wird, ja, solche Stoßgebete – mit Stöhnen, mit Weh und Ach – sind in den

Häusern und Höfen von Müttern zu hören, die ihre Kinder den Deutschen hergeben sollen.

Je mehr sich Nina dem Marktplatz nähert, desto deutlicher hört sie jammernde Kinderrufe: »Mama! Mutti, komm! Maaama!« In dieser Morgenstunde schon so viele Kinder auf dem Marktplatz? Sie überlegt schnell, ob Esther auch hier sein könnte. Sie sieht: Vor der orthodoxen Kirche ist ein Podium aufgebaut, das sonst nicht da steht. Militärautos fahren dorthin. Kinder werden ausgeladen. Mehrere Soldaten notieren irgendetwas in Listen.

Nina stoppt ihr Suchen. Einige Augenblicke bleibt sie in der Nähe des aufgestellten Podiums stehen. Von hier aus hat sie einen guten Überblick über den Marktplatz, der sich mit Kindern immer mehr füllt. Manche Kleinen liegen auf den kühlen Pflastersteinen, um zu schlafen. Die Armen. Ein kleiner Knirps kommt zu Nina: »Ich muss Pipi. Hilf mir aus der Hose!« Das Kindergeschrei, das Heulen und Rufen schwillt in Ninas Ohren zum Bersten an. Das Jammern zerdrückt ihr Herz.

Sie entdeckt eine Klassenkameradin: »Hast du Esther gesehen?«

»Nein! Aber Myriam, unsere Klassensprecherin, und ihre Geschwister. Sie sind gegenüber auf dem Platz zwischen den deutschen Panzern. Da ist es schattig. Esther wird sicher auch bald eintreffen. Es ist ja noch früh am Morgen.«

Nina legt die Hand über ihre Augen, damit das Sonnenlicht sie nicht so blendet. Wieder fährt ein Militärlastwagen zum Podium. Sobald die hintere Ladeklappe von den Soldaten geöffnet wird, springen die ersten Kinder auch schon heraus. Manche sind quickvergnügt, anderen ist anzusehen, dass sich zu Hause dramatische Szenen abgespielt haben müssen. Es ist kein Kind auf dem Marktplatz zu sehen, das eine Tageskleidung anhat. Auch die Kinder, die jetzt vom Lastwagen herunterspringen, haben noch ihre Pyjamas oder Nachthemdchen an. Ist dieses chaotische Durcheinander wirklich der Anfang einer KLV, einer Kinderlandverschickung?

Je länger Nina sich zwischen dem aufgestellten Podium und der orthodoxen Kirche umschaut, umso unruhiger wird sie. Wieder hält sie ihre Hand als Blendschutz über die Augen. In der Ferne sieht sie einheimische Polizisten am Rande des weiten Marktplatzes. Sind sie die »Handlanger der deutschen Wehrmacht«, wie ihr Vater sie nennt? Und ihr Vater will auf keinen Fall ein

»Handlanger« sein, wenngleich er für die Deutschen die Brücken in Ordnung bringen muss. Aber was wollen die vielen einheimischen Polizisten hier? Helfen? Es sieht keineswegs danach aus, denn sie schauen nur zu, wie ältere Mädchen ihre kleinen Geschwisterchen beruhigen, die nach Wasser schreien. Warum bringen sie kein Wasser? Nirgendwo sieht Nina Trinkwasser. Kein Kind beißt in ein Stück Brot oder in einen Apfel. Äpfel, Brot, Wasser – das könnte doch das Gebrüll stoppen. Oder?

Wieder fährt ein Militärlastwagen heran, wieder springen die Jungs zuerst herunter. Und dann … Nina sieht den schwarzen Haarzopf ihrer Freundin, die ihr vier Monate altes Brüderchen im Arm hält. Kann Esther vom Lastwagen herunterspringen? Nein! Erst hilft sie mit ihrer freien Hand ihren zwei jüngeren Geschwistern, dass sie heil vom Lastwagen herunterkommen. Schon eilt Nina zum Militärlastwagen: »Esther, ich helfe!«

»Nina, wie gut, dass du da bist! Nimm den kleinen Joshua in Empfang.«

»Ja, Esther, gib ihn mir!« Vorsichtig reicht Esther ihr Baby-Brüderchen zu Nina herunter, um dann selber von Lastwagen herunterzuspringen. »Nun kannst du mir den Joshua wiedergeben.

Du hast es sicher gerochen: Seine Windeln sind voll. Ich glaube, deswegen weint er, weil er es nicht gewohnt ist, lange in feuchten Windeln zu liegen.«

Wasser haben – das wäre jetzt dran! Und saubere Tücher. Und eine Decke, damit Esthers Geschwister sich darauflegen könnten.

Nina weiß, was sie tun wird. »Esther, gleich bin ich wieder da! Ich hole Wasser, Waschlappen, Seife und noch andere Sachen, die wir jetzt für den kleinen Schreihals brauchen.«

Esther nickt ihrer Freundin dankbar zu.

Doch der weite Marktplatz ist von deutschen Soldaten und einheimischer Polizei umstellt. Sie versucht, eine Lücke zwischen den Bewaffneten zu finden. Aber stets wird sie zurückgewiesen.

»Hier ist kein Durchgang, Mädchen!«

»Kind, bleib, wo du bist!«

»Nein, hier kommst du nicht mehr raus! So lautet der Befehl der Deutschen. Und das gilt auch für dich, du Kleines.«

»Hör, ich bin kein jüdisches Kind!«

»Mitgegangen, mitgefangen!«, bellt der einheimische Polizist sie an.

»Du, dein Gesicht merke ich mir«, schleudert Nina zurück, »weil du mir jetzt nicht hilfst. Ich werde meinem Vater von dir erzählen. Du kennst ihn wahrscheinlich: Er ist einflussreich. Und solltest du ihn noch nicht kennen, dann wirst du ihn demnächst kennenlernen!«

Als sie sich von dem Polizisten abwendet, ruft der ihr nach: »Doch, doch, deinen Vater kenne ich! Das ist der Igor, ein entfernter Verwandter meiner Frau, den ich neulich nachts besuchte. Der ist genauso widerspenstig wie du, du kleines Gör!« Er spuckt auf den Boden und nimmt sein Gewehr von der Schulter. Soll das der elfjährigen Nina etwa imponieren?

»Aber ich behalte dich im Auge, du aufsässige, wilde Blondine! Verlass dich drauf!«, schreit er ihr nach.

Doch seine Worte hat Nina überhaupt nicht mehr wahrgenommen, weil sie im Kindergetümmel weitergezogen ist, das mehr und mehr den Marktplatz füllt. Sie geht wieder an der Militärkette entlang und hat nur diesen einen Gedanken im Kopf: Wasser! Ja, Wasser wäre jetzt für die Mendelsohn-Kinder nötig. Vielleicht findet sie jemanden, der ihr glaubt.

Da! Diesen jungen deutschen Soldaten wird

sie fragen: »He, Soldat, ich bin kein Judenkind! Lasst mich durch. Ich hole nur Wasser für einen Säugling!«

Doch der nett dreinschauende Soldat verzieht keine Miene und nimmt nicht einmal Notiz von dem Mädchen, das ihn in polnischer Sprache anfleht. Auch die im nächsten Abschnitt der Absperrung stehenden deutschen Soldaten tun so, als ob sie das bittende Mädchen überhaupt nicht hören: »Lasst mich durch, bitte! Ich komme ja gleich wieder. Ich wohne nicht weit von hier.«

Sie wendet sich enttäuscht von der Soldatenkette ab, um wieder zu Esther und ihren Geschwistern zurückzukehren. Der Marktplatz ist voll mit kleinen »Würmchen«, auch solchen, die gerade erst das Laufen lernen. Nina drückt sich an ihnen allen vorbei. Wohin sie auch blickt, sie sieht die Erstklässler ebenso wie die Lausbuben aus anderen Klassen – aus reichen und armen Familien. Kinder, wohin sie sieht. Aber wo ist Esther mit ihren Geschwisterchen geblieben? Der ganze Marktplatz wimmelt von großen und kleinen Kindern. Sind es dreihundert? Vielleicht doppelt so viel? Nina kann die Menge schlecht schätzen. Und sie zählen? Das ist völlig unmöglich – dafür sind es einfach zu viele.

Kaum hat Nina wieder die Mendelsohn-Kinder erreicht, dröhnt aus einem Lautsprecher deutsche Marschmusik. Beginnt nun das eigentliche Fest? Danach ertönt eine deutsche Männerstimme, die ins Ukrainische übersetzt wird: »Kinder, aufgepasst! Wir zählen euch. Das machen Soldaten und Polizisten. Und solange sie euch zählen, passt auf, was ich euch sage.«

Langsam kehrt Ruhe in der vielköpfigen Kinderschar ein. Aber so manches kleine Menschenwesen brüllt aus Leibeskräften. Hat es etwa Schmerzen? Quält der Durst? Ist Hunger die Ursache? Oder ist es das Heimweh nach der Geborgenheit bei der Mutter?

Der Lautsprecher erhöht sein Volumen: »Kinder, hört gut zu!« Diese elektronische Stimme dröhnt viel zu heftig für Kinderohren: Das Geheul der Kleinen nimmt nun noch mehr zu.

»Heute schicken wir euch alle in ein schöneres Land«, donnert der Lautsprecher. »Zuerst machen wir einen Ausflug bis an den Waldrand. Es ist nur ein Kilometer bis dahin. Das schafft jedes Kind.«

Ein älterer Junge schreit über den Platz: »Ja, wir gehen in das verheißene Land, wo Milch und Honig fließen.«

Die Zählung ist beendet: 562 Kinder sind versammelt, ein Kind mehr, als auf den Listen stehen. Das kann bei einer so großen Menge vorkommen, dass man sich verzählt.

»Nun folgt dem Auto!«, meldet sich der Lautsprecher wieder. »Es fährt euch langsam voraus. Wir gehen über den Sandweg, bis wir den Waldrand erreicht haben. Also auf! In diese Richtung.« Und der Übersetzer zeigt dahin, wo der Marktplatz endet.

Während die älteren Mädchen die jüngeren Kinder an die Hand oder die Säuglinge auf den Arm nehmen, setzt wieder deutsche Marschmusik ein. Schöne, rhythmische Blasmusik, zu der es sich im Pyjama und im Nachthemdchen gut tanzen lässt! Jüdische Kinder tanzen mit Vorliebe. Aber zum Hüpfen und Tanzen bleibt jetzt keine Zeit.

Das Militärauto setzt sich langsam in Bewegung. Die ersten Kinder folgen gehorsamst dem Fahrzeug, in dem ein deutscher Offizier sitzt.

Esther trägt das Säugling-Brüderchen und hält mit der anderen Hand den zweitjüngsten Knaben der Familie. Nina nimmt die beiden anderen

Mendelsohn-Geschwister an die Hand. Manche Kinder begreifen nicht, was zu tun ist. Sie sind übermüdet oder hungrig. Die Schar setzt sich nur sehr langsam in Bewegung. Auch die Mendelsohns und Nina gehen schrittweise in die angesagte Richtung, Nina mit den beiden kleinen Buben voran.

Nina hat zwei Apfelbäume im Blick, die am Wiesenrand stehen. Sie hat sie schon von fern entdeckt: Es hängen noch Früchte daran, die reif sind. Gegen den Durst sind sie ein willkommenes Geschenk. Deshalb ist Nina in einem ziemlich eiligen Tempo bis in die ersten Reihen der Kolonne vorgeprescht, ohne die beiden Kinder überzustrapazieren.

Endlich – die ersten Reihen der langen Kolonne haben die Bäume passiert. Nina lässt die Mendelsohn-Kinder los: »Haltet euch an den Händchen – ich bin gleich zurück«, flüstert sie den beiden Kleinen ins Ohr, sodass es niemand sonst hört, und legt vielsagend ihren Zeigefinder auf die Lippen: »Nicht weinen! Nichts reden! Ich bin ganz schnell wieder da!«

Nun wagt sich Nina aus der Gruppe heraus. Schade – die Zweige hängen zu hoch! Aber im Klettern war sie schon immer gut. Sie nähert sich dem Baumstamm und umklammert ihn, um sich Stückchen für Stückchen hochzuziehen. Mit Erfolg. Die ersten dicken Zweige sind erreicht, auf die sie sich stellt. Es ist ihr bewusst: Sie darf von dem deutschen Offizier im Auto nicht entdeckt werden. Wohin nun mit den gepflückten Äpfeln? Sie hebt den Saum ihres Sommerkleides und legt fünf, sechs Äpfel hinein – und noch einen! Der Abstieg vom Baum gelingt rasant und unbemerkt. Ob der Offizier wohl sonst die Äpfel für sich beschlagnahmt hätte?

Nina steckt ihren beiden kleinen Schutzbefohlenen je einen Apfel zu. Die anderen sind für Esther. Sie soll sie verteilen. Einige Jungen versuchen, es Nina nachzumachen. Unruhe entsteht: Alle möchten einen Apfel! Es hängen noch so viele an den beiden Bäumen! Der Offizier hält das Auto an und jagt die Kinder in die Kolonne zurück. »Los, los!«, brüllt er mit grimmigem Gesicht. »Hier wird nicht geklaut! Ordnet euch wieder in die Schar ein! Gleich sind wir an Ort und Stelle!«

Auf dem Sandweg, der sich am Waldrand entlangzieht, brütet zwar die heiße Septembersonne, aber aus dem Wald weht über die laut schnatternde Kinderschar ein angenehmer Windhauch – eine Wohltat des Himmels. In den kommenden Tagen werden hier viele Pilzsammler herkommen – und es verspricht ein gutes Erntejahr zu werden. In Essig mit Kräutern eingemachte Pilze schmecken besonders gut. Bei dem Gedanken daran läuft Nina das Wasser im Mund zusammen.

Die große Kinderschar hat sich wie eine lange Raupe langsam, allzu langsam bis an den Waldrand herangeschlängelt. Mehr als eine Stunde ist seit dem Aufbruch vom Marktplatz in Radomysl vergangen. Besonders die kleinen Kinder sind völlig erschöpft, aber auch die größeren, die sich um die Kleinkinder kümmern, sind entkräftet. Was erwartet sie nun, da sie fast am Ziel ihres Ausflugs sind? Am Waldrand stehen einige Militärfahrzeuge. Ist das alles? Was wurde ihnen versprochen? Der Lautsprecher hat es über den Marktplatz verkündet: »Heute schicken wir euch alle in ein schöneres Land!« Und nun?

Aus der nahen Lichtung treten siebzehn einheimische Arbeiter hervor, die Spaten und Schaufeln bei sich haben, an denen noch der frische gelbe Waldsand klebt. Hinter ihren Rücken ist ein frisch aufgeworfener Sandwall zu sehen und davor eine zwei Meter tiefe Kuhle, die zehn mal fünf Meter breit ist. Das macht neugierig. Soll hier ein Wasserbehälter gebaut werden, der eines Tages als Waldbrandschutz-Reservoir dienen soll? Die deutschen Besatzer haben in kurzer Zeit schon so manche Neuerung in der Ukraine eingeführt – wenn auch oft mit harter Hand. »Am besten, du fragst erst gar nicht, sondern tust schlicht und einfach nur das, was die Deutschen sagen, und lässt dich überraschen.«

Die Arbeiter stehen wie versteinert da. Haben sie eine so große Kinderschar nicht erwartet? Haben sie überhaupt an diesem herrlichen Sonnentag mit Kindern gerechnet? Siebzehn schweigende Arbeiter betrachten die Jungen und Mädchen, die Kleinkinder und Säuglinge auf den Armen der größeren Kinder. Ein Vierzehnjähriger hebt seinen etwa vierjährigen Bruder hoch über seinen Kopf und ruft: »Männer, habt ihr Wasser für Daniel, mein Brüderchen?« Nach einer Weile schüttelt einer der Arbeiter den Kopf über das tragische Kinderweinen. »Wasser! Wasser!« Immer lauter schallt es wie im Chor: »Wasser! Wasser!« Hunderte von Mündchen öffnen sich.

Eine Zehnjährige ruft: »Mein kleines Brüderchen hat eine ganze dicke Zunge. Ich glaube, er braucht Wasser!«

»Wasser! Wasser!«, schreien die Kinder weiter.

Immer noch schüttelt der Arbeiter seinen Kopf. Er schwitzt – wie seine Kollegen auch. Mücken schwärmen um die Kinderköpfe. Als der Arbeiter sich abwendet, um sich dem Geheul zu entziehen, stehen vier deutsche Soldaten hinter ihm mit Gewehren in den Händen.

»Was soll das Getue?« fragt ein Soldat.

»Los, ihr Arbeiter, ihr habt genug geschuftet! Dalli, dalli!«

»Nun macht schon, dass ihr verschwindet!«

»Beeilt euch! Ihr seid hier jetzt überflüssig!«

»Haut ab, wenn euch das Leben lieb ist!«

Der grimmige Offizier erscheint. Er überblickt die Schar der 562 Kinder und in einem Befehlston, der Kälteschauer über den Rücken jagt, ordnet er an: »Die ersten 24 Kinder dürfen an die Kuhle herantreten und hineinschauen.«

Deutsche Soldaten legen sich bäuchlings auf den Sandhügel des frisch ausgehobenen Walls, ihre Gewehre griffbereit.

Fröhlich springen die ersten 24 Kinder heran;

andere sind neugierig und wollen auch bei den Ersten sein, die schauen dürfen, was in der Tiefe dieser Grube sich »Besonderes« befindet.

Als sie in die leere Grube schauen, brüllt der Offizier: »Feuer!«

»Feuer! Kameraden, schießt genau! Noch mal: Feuer!«

Tacketack! Tacketack! Tack …!

Die von Kugeln getroffenen Judenkinder fallen kopfüber in die Kuhle – tot.

»Die nächste Riege!«, brüllt der Grimmige.

Die Schüsse haben den Kindern Angst eingejagt. Einige schreien laut auf, andere wollen panikartig in den Wald fliehen. Doch deutsche Soldaten stehen da und weisen sie mit groben Worten in die große Schar zurück.

Schon schaut die nächste Gruppe in die Kuhle. Die 24 Kleinen wagen sich vorsichtigen Schrittes an die Grube heran.

»Feuer!«

Tacketack! Tack! Tacketack!

Nina kann die kleinen Mendelsohn-Kinder nicht mehr halten; sie reißen sich los und rennen zu ihrer großen Schwester Esther.

»Feuer!« Tack. Tacketack. Tack. Tack.

Nina drängelt sich durch die Kindermasse den

beiden kleinen Mendelsohns hinterher bis zu Esther, die sich bereits niedergehockt hat, um ihre kleinen Geschwister zu beruhigen. »Esther, was passiert dort?«

»Feuer!« Tack. Tack. Tack.

»Mama! Mama!«, ist die Antwort, wenn für kurze Minuten die Gewehrschüsse schweigen.

Aus der Schar der Kinder ist ein wilder, schreiender Pulk geworden, der nicht mehr zu bändigen ist. »Mama! Mama!«

»Feuer!« Tacketack. Tack. Tacketack.

Esther, umringt von ihren weinenden Geschwistern, sieht Nina vor sich, der ihre blonde Haarpracht, teils in Strähnen verklebt, ins Gesicht hängt.

»Nina, du bist meine beste Freundin! Auch wenn wir gleich sterben – du, du bist blond. Du kannst gerettet werden«, stößt Esther weinend hervor. »Nina, lauf um dein Leben!«

»Feuer!«

Tack. Tacketack. Tacketack.

Zunächst kann Esther nicht weitersprechen, weil ihr der Atem ausbleibt. Dann ruft sie es laut über die Menge dem einheimischen Polizisten zu, der Wache schiebend in der Nähe steht:

»Nina Simonenko gehört nicht hierher. Polizist …« Sie schreit aus Leibeskräften: »Nina Simonenko ist meine Freundin! Aber sie ist eine Christin!«

Der Polizist sieht die Blonde, die ihm heute schon einmal aufgefallen ist. Er bahnt sich einen Weg durch die panische Kinderschar und schreit Nina an: »Sag, was tust du denn unter den Judenkindern? Ja, ich kenne dich. Du bist die älteste Tochter vom Brückenbauer Simonenko aus unserer Stadt!«

»Feuer!« Tack. Tack. Tacketack.

Er reißt Nina mit sich – durch die wild wogende, verängstigte Menge der Kleinen. Der Polizist zerrt sie hinter sich her, während sie über Kinder schreiten muss, die zu Boden gefallen sind und sich wieder hochrappeln wollen.

»Esther! Esther!« Mit der linken, freien Hand winkt sie ihrer Freundin zu, die sie in der Masse nicht mehr sieht. »Esther! Esther!«

»Feuer! – Feuer! – Feuer!« Tack. Tack. Tack.

Nina zuckt zusammen, weil die Gewehrschüsse jetzt die wilde, unkontrollierbare Kinderschar treffen. Ganz in ihrer Nähe fallen Kinder tot zu Boden.

»Esther! Esther!« Noch nie im Leben hat Nina

so heftig geschrien wie jetzt, wo sie inzwischen außerhalb der Polizeiwachen und des bewaffneten Kreises der Deutschen steht.

»Feuer!« Tacketack. »Feuer!«

Langsam wird die Kinderschar von den deutschen Soldaten Schrittchen um Schrittchen von hinten nach vorn geschoben, dorthin, wo die Schüsse am lautesten knallen.

Nina stellt sich auf die Zehenspitzen, um Esther zu entdecken. Kann sie durch ihre Tränen und ihr Außer-Atem-Sein nicht mehr klar sehen? Oder ist Esther mit dem Baby auf dem Arm und den kleinen Geschwisterchen schon in der Nähe des Kugelhagels? Sie rennt nach vorn, wo die Kuhle ausgehoben worden ist. Sie findet zwischen den Militärfahrzeugen einen sicheren Platz. Einmal noch Esther und die Mendelsohn-Kinder sehen. O Gott, einmal noch!

Nun scheinen die Deutschen von allen Seiten auf die Kinder zu schießen. Tacketack. Tack. Tack.

Jemand fasst sie an der Schulter. Es ist der einheimische Polizist Waldemar. »Kind, das hier ist allerhöchste Gefahr für dich. Komm, wir verschwinden.«

Wie vorhin zieht er Nina an der Hand, wenige Meter an der Kuhle vorbei. Auf dem Sandwall steht ein deutscher Soldat, der in die Grube schießt, weil aus der Tiefe Schreie zu hören sind. Tacketack. Tacketack. Er schießt, bis es ruhig im Massengrab ist.

»Esther! O Esther!«, ruft Nina, als sie sich noch einmal umschaut, ohne ihre Freundin zwischen so vielen Kindern entdecken zu können. Mit der Hand winkt sie still dorthin, wo die Schüsse knallen.

Der Polizist zeigt ihr den Sandweg. »Dort, wo die beiden Apfelbäume stehen – da geht's lang!« Nina schaut in Waldemars verzerrtes Gesicht, aus dem ihr seine Stimme entgegenschreit: »Lauf, Kind! Lauf! Ab nach Hause!«

Nina kennt den Weg, den sie laut weinend allein zurückgeht – bis sie keine Tränen mehr hat. Dröhnt es in ihren Ohren? Oder hat das Tacketack-Tacketack immer noch nicht aufgehört?

Es wird wohl lebenslang hörbar bleiben.

Jahresanfang 2013 – ich stehe zum ersten Mal vor dem Massengrab in Radomysl. 72 Jahre sind seit der unmenschlichen Grausamkeit vergangen, die sich hier ereignete. Erschüttert gehe ich allein ein Stück des Sandweges, der sich am Waldrand entlangschlängelt. Hier gingen 561 jüdische Kinder, die das Leben noch vor sich hatten. Sie weinten und schrien – und ich weine und schreie jetzt auch still vor mich hin. Aus dem Wald weht auch heute ein sanfter Wind, den ich auf der Haut spüre.

Ein Einheimischer aus Radomysl kommt mir entgegen. Schnell wische ich mein verweintes Gesicht trocken. Mit ausgestreckter Hand begrüßt er mich und geht mit mir die hundert Schritte zu dem Massengrab zurück. »Es ist, als ob im Hügel noch Leben ist«, beginnt er das Gespräch, »denn von Zeit zu Zeit bohrt sich ein Kinderknochen durch die Grasnarbe, die den Hügel bedeckt, und will auf sich aufmerksam machen.« Mir läuft ein kaltes Zittern über den Rücken.

Es hat sich eine kleine Schar eingefunden. Neben mir steht Pastor Dr. Grigory Komendant, der Präsident der Ukrainischen Bibelgesellschaft aus der Hauptstadt Kiew, der zugleich der Zweite Vorsitzende unserer deutschen Mission »Ost-West« ist. Er hat vor Monaten von diesem Massengrab erfahren: Jüdische Freunde erzählten ihm von dieser Stätte des Grauens und Mordens.

Wir bedenken, was zu tun ist, um dieses Kinder-Massengrab nicht in Vergessenheit geraten zu lassen. Der lang gestreckte Hügel sollte ein Erinnerungsmal sein und bleiben. Pastor Dr. Komendant scheint aus einem Traum aufzuwachen, denn er schüttelt sich und meint dann vorsichtig: »Ein Grabstein sollte hier stehen. Wäre das angebracht?«, fragt er. »Zwei schlichte, schwarze Tafeln mit dem Wort aus dem Buch des Propheten Jeremia, Kapitel 31, Vers 15:

So spricht der Herr:
Eine Stimme wird auf der Höhe vernommen,
bitterliches Klagen und Weinen.
Denn Rahel beweint ihre Kinder
und will sich nicht trösten lassen,
denn ihre Kinder sind nicht mehr!

Auf der einen Tafel sollte dieser Vers in hebräischer Sprache und Schrift stehen, auf der anderen Tafel derselbe Vers auf Ukrainisch. Es sollten hier zwei Gedenksteine hin, die heute reden. Mehr braucht auf den beiden Tafeln nicht zu lesen sein – als nur Gottes Wort.«

Keine zwei Wochen später stehen wir beide – Pastor Dr. Grigory Komendant und ich – wieder vor dem Grab, in dem 561 jüdische Kinder liegen. Menschen aus der Umgebung sind heute gekommen – Christen und Juden. Die beiden Mahntafeln sind am Tag zuvor aufgestellt worden.

Der Rabbi der jüdischen Gemeinde aus Kiew ist gekommen, denn in Radomysl gibt es keine Synagogen-Gemeinde mehr – sie wurde restlos »ausradiert«. Keine der jüdischen Mütter, die ihre Kinder hergeben mussten, ist mehr am Leben: Auch sie wurden eines Tages von deutschen Soldaten »abgeholt« – und ihnen widerfuhr das Gleiche wie ihren Männern.

Der Administrator der Stadt spricht als Erster zu uns vierzig Leuten, die wir am Massengrab der Kinder stehen. Er ist erschüttert darüber, was 1941 passierte. Ihm sind viele Einzelheiten bekannt, über die er offen redet.

Nach seiner Ansprache überreicht ihm Pastor Dr. Grigory Komendant eine Großdruckbibel. Als er sie in Händen hält, hebt er sie für uns alle deutlich sichtbar hoch und dann küsst er die Heilige Schrift!

Dann ergreift Pastor Komendant das Wort: »Lasst uns niemals vergessen, was hier zwischen den alten Bäumen an Furchtbarem geschah: Kinder wurden ermordet – 561! Rahel, die jüdische Mutter, weint. Sie schreit. Sie lässt sich nicht trösten! Wir, die wir um diese Kinder weinen, kennen einen Tröster, der auch ein Kind jüdischer Eltern war: Jesus. Sicher hat er mit dem gesamten Judenvolk den 80. Psalm gebetet: ›Tröste uns, lass leuchten dein Antlitz, so genesen wir.‹ Wenn ein Mensch das Wirken des lebendigen Gottes ganz nahe spürt, dann wird er auch im tiefsten Leid getröstet. Wer sich Gott zuwendet, der ist nicht mehr heimwehkrank. Und das meint der Herr Jesus – auch über dieses Massengrab hinaus spricht er mit uns darüber: Wir, wir alle sollen zurückkehren in den Schoß des himmlischen Vaters, der uns angenommen hat – mit unserem Leid. Und bei ihm ist Trost in Fülle.«

Pastor Komendant hat zwölf Rosen mitgebracht. Vier drückt er dem Administrator der Stadt Radomysl in die Hand, vier gibt er mir. Zwölf rote Rosen – wir wollen sie gemeinsam vor die Gedenktafeln legen.

Da kommt ein Auto mit ukrainischem Kennzeichen über den Waldweg direkt auf uns zugefahren. Es stoppt seitlich des Massengrabes. Eine alte Frau steigt mit einiger Mühe aus.

Eine Dorfbewohnerin ruft in unsere Feierstunde hinein: »Nina! Nina, hast du es geschafft und bist wirklich gekommen?!«

Die 83-jährige Nina setzt vorsichtig, Schrittchen um Schrittchen, ihre Füße auf den schicksalsträchtigen Waldboden. Ich überlege: Ist sie jenes elfjährige blonde Mädchen, das 1941 dem Massaker in letzter Minute entkommen ist? Ich gehe auf sie zu.

Weil ich nicht Ukrainisch spreche, kann ich sie nicht nach ihrer Identität fragen. Das ist auch nicht erforderlich: Aus ihren Augen leuchtet jener Friede, der alles Mutmaßliche und alles Überlegen übersteigt. Wir umarmen uns. Sie küsst meine Wangen, obschon sie mich nicht kennt. Mit kleinen, vorsichtigen Schritten führe ich sie zu dem kleinen Ruhebänkchen, das – aus Bohlen und einem Tannenbrett roh gezimmert – irgendwann von irgendjemandem vor dem Massengrab hingestellt worden ist. Zum Gedenken an jene Kriegstage, in denen Mordlust auch vor Kleinkindern nicht haltmachte. Und ich frage mich erneut: Ist sie wirklich jene Nina, die das Töten mit knapper Not überlebte?

»Nina! Du bist wieder hier, wo dein junges Leben fast ausgelöscht worden wäre«, sagt eine Dorfbewohnerin, die ihr respektvoll und sanft die faltenreiche, runzelige Hand drückt. Auch auf ihrem Gesicht lese ich zwischen hundert Falten, die alle Zeugen von unsagbar Schrecklichem sind: Falten, die von erlebtem Leid sprechen. Leid – auch um die Mendelsohn-Kinder; um ihre Freundin Esther insbesondere. Ja, sie ist es! Nina steht vor uns. Und sie sagt es uns Umstehenden mit liebevollen Worten:

»Das einst Geschehene hat mich in der Jugendzeit arg gequält. Was mich aus der finsteren Dämonie herausgerissen und gerettet hat? Die Worte aus dem Neuen Testament. Die Worte des Herrn Jesus. Worte, die mein Leben hell werden ließen.«

Ihr faltenreiches Antlitz wird vom innewohnenden Licht überstrahlt: »Jesus – mein Heiland!« Sie wohnt bei ihrem Sohn in Radomysl, der dort Pastor der Baptistengemeinde ist. Er hat sie hierhergebracht, weil sie dabei sein will, wenn auf dem Massengrab die Gedenksteine stehen.

Zwischendrin stockt ihr Erzählen, nicht weil ihr Gedächtnis Lücken aufweist, sondern weil sie ihre Tränen mit einem Taschentuch wegwischen muss. Danach setzt sie ihren bewegenden Bericht vor laufender Kamera fort. Wir vierzig Zuhörer sind bei manchen Abschnitten fassungslos.

Jedes Wort lasse ich mir aus dem Ukrainischen ins Deutsche übersetzen, während ich wie mit dem Waldboden verwachsen fassungslos mit den vier roten Rosen in der Hand bei ihr stehe. Nina schaut mehrere Male erstaunt zu mir herüber. Sie hört wieder deutsche Sätze! Bricht dadurch eine alte Wunde auf? Sie unterbricht ihr Erzählen und schaut mich durchdringend an: »Du! Du hast mich vorhin freundlich willkommen geheißen. Ich habe mich darüber sehr gefreut! Und habe dich geküsst! Und du … du bist ein Deutscher! Du!«

Sie hat sich darüber erregt … und weint vor laufender Kamera und sagt kein Wort mehr.

Still reiche ich ihr eine der langstieligen roten Rosen. Sie steht von ihrem provisorischen Bänkchen auf. Ich nehme sie am Arm. Zusammen mit Pastor Komendant, dem städtischen Administrator und mir geht sie die drei Betonstufen hinauf, die zu den beiden Mahntafeln führen. Am Sockel legen wir schweigend die zwölf Rosen nieder und stehen eine Weile vor den Tafeln und gedenken der ermordeten Kinder. Dann führe ich Nina zu ihrem Bänkchen zurück und wende mich nun an die Menschen, die zu dieser Feier gekommen sind:

Liebe Leidtragende! Liebe Mittrauernde! Ich habe einen Freund. Er ist bekannt dafür: Er mag Kinder – große und kleine. Eines Tages kommen Mütter zu ihm. Sie haben ihre Kinder mitgebracht. Umstehende Leute aber tadeln sie: Was belästigt ihr Mütter unseren Freund? Er aber streckt die Arme aus – wie wenn man liebe Gäste empfängt und sie als Freunde willkommen heißt. Und mein Freund tut noch mehr: Er umarmt die Kinder! Er drückt sie an sein Herz. Er segnet die Kinder. Und dieser Freund ist der Messias – Jesus. Sein Name bedeutet: Retter. Ja, er rettet, weil er Gottes Sohn ist. Er beugt sich über Menschen, um ihnen zu zeigen: Ich erbarme mich über euch – über euch alle. Junge und Alte.

Als junger Erwachsener hat er mich wissen lassen: Du? Ja, du wirst von mir gerettet. Ich vergesse diesen Tag nicht, weil ich unter einem geöffneten Himmel stand.

Als geborener Niederländer lebe ich seit meiner Jugend in Deutschland. Darum weiß ich, was im Krieg durch Deutsche an Leid angerichtet wurde, weil sie die Niederlande besetzten und unserem Volk Schreckliches zufügten. In diesen brutalen Kriegsjahren wurde auch mein jüdischer Musiklehrer von deutschem Militär verhaftet. In einem Konzentrationslager wurde er ermordet. Wie habe ich um ihn geweint!

Wie viele Tränen sind schon geflossen um der Millionen von Ukrainern, von Russen, von Juden und ihren Kindern willen, die kaltschnäuzig umgebracht worden sind!

Dieser Hügel am Waldrand von Radomysl ist ein Hügel des Verbrechens. Ich schäme mich für so viel Grausamkeit, die hier passiert ist. Innerlich weine ich um jedes der Judenkinder, die hier ermordet wurden, um ihre Väter, ihre Mütter, die allesamt aus Rassenwahn und Hass in diesem Wald ermordet wurden. Hundert Meter von hier befindet sich ein weiteres Massengrab – darin liegen sie: die jüdischen Mütter und Väter unserer Kinder. Schrecklich!

Und nun schaut euch den Himmel an, der sich über uns ausbreitet! Unter diesem offenen Himmel stehen wir – heute. Dieser offene Himmel, den der Schöpfer uns jetzt schenkt, ist auch das Geschenk an jene Kinder, an ihre Mütter und Väter, die hier seit 72 Jahren liegen.

Menschenhände haben Kinder und Eltern getötet. Aber ...«, ich schaue zu Nina und blicke über die kleine Versammlungsschar, »... aber er

– der Freund und Heiland – hat kein Kind, keine Mutter, keinen Vater vergessen, weil er sie ausnahmslos liebt. Und diese göttliche Liebe begleitet uns – heute. Morgen. Immer. Diese Liebe erwartete damals schon die 561 Kinder. Sie erwartet auch uns. Unser Freund und Heiland Jesus erwartete diese jüdischen Kinder damals mit offenen Armen, um sie aufzunehmen in seine Herrlichkeit. Um sie zu segnen. So segnet er jetzt auch uns. Amen!«

Wie es in der Ukraine üblich ist, antworten die Zuhören laut und vernehmlich mit Amen. Dieses »Amen!« kommt auch über Ninas Lippen. Nun gehe ich zu ihr. Hat sie vorhin mir ihre Arme entgegengestreckt und mich – den Unbekannten – geküsst, so strecke ich nun ihr meine Arme entgegen und drücke ihr auf Stirn und beide Wangen einen heiligen Kuss.

Nach dieser Feier fahren wir in die kleine Baptistenkapelle in Radomysl. Unterwegs überlege ich, ob das Grab der 561 Kinder eine niedrige steinerne Umrandung bekommen sollte. Das wäre dann ein weiteres Zeichen dafür: Wir haben verstanden – solches Morden muss in unserer Zeit ausgegrenzt bleiben! In unseren Ländern darf so etwas nie wieder passieren. Vielleicht legt es Gott einigen Missionsfreunden aufs Herz, für diese Einfriedung zu spenden.

Meine Gedanken und Gebete gehen weiter zu jenen armen, geschändeten und bedürftigen Kindern, die wir als Mission »Ost-West« hier in der Ukraine betreuen, weil sie Tschernobyl-geschädigt sind – ein Leben lang. Und ihr Schaden stammt von Menschenhand!

Monatlich erhalten sie aus Deutschland eine bescheidene, aber wichtige finanzielle Hilfe. Und dies habt zum Zeichen: Euch Kindern darf nach einer solchen atomaren Tragödie nicht auch das noch passieren, dass ihr in euren Schmerzen umkommt! Menschenhände sind uns gegeben, um aufzuheben, was daniederliegt. Um Wunden zu heilen. Um Kranken und Schwachen beizustehen. Um Not zu lindern.

»Ihr Kinder« – so lautet mein Versprechen, das ich meinem Freund Jesus Christus in dieser Stunde verbindlich gebe – »ihr Kinder sollt wissen: Ich stehe zu euch. Immer. Und soviel in meiner Kraft steht: Ich sorge für euch. Wir, wir alle lassen euch nicht im Stich. Wir sorgen für euch!«

In der Kapelle zu Radomysl, unter dem mannshohen, leeren Holzkreuz, sitzt die kleine Schar, die vorhin am Massengrab stand, um jetzt einen kurzen Gottesdienst zu halten. Ich spreche nur wenige Sätze, denn ich bin noch vom Erlebten erschüttert, verkündige aber – als ein Mensch, der unter dem Kreuz Jesu steht – seine Auferstehung. Sie ist der entscheidende Durchbruch zur oberen Welt, zur ewigen Heimat, die auf uns wartet. Amen.

Doch dann passiert etwas, was niemand erwartet hat und was ich wohl nie mehr im Leben vergessen werde: Der Pastor greift zur Gitarre. Nina, seine alte Mutter, kommt mit langsamen Schrittchen nach vorn. Nein, sie erzählt nicht von damals – sie singt! Gott zur Ehre. Sie dankt unserem Freund Jesus im Lied für sein Leiden am Kreuz – und für seine glorreiche, triumphale Auferstehung, die uns zugutekommt.

Ihre Stimme ist zwar schwach, aber sehr klar. Sie singt von der Liebe Jesu. Ich denke: Nina – die schon als Kind mit ihren Ohren so viel Unheil gehört hat; sie – deren Augen das Morden beobachteten; sie – die innerlich den Peinigern vergeben hat. Sie – mit ihren hundert Fältchen im Gesicht und ihren leuchtenden Augen – sie singt. Sie liebt. Da ist kein glühender Funke des Hasses. Nina strahlt die erlebte Güte und Herzlichkeit Jesu aus, die er in ihrer Jugendzeit in ihre Seele legte – für immer.

Und der göttliche Geist der Liebe bleibt nicht an den Wänden der Kapelle in Radomysl hängen: Diese göttliche Liebe erfüllt uns mit Dank. Weil sie ewig ist und niemals aufhört.

Zum Autor

Die **Studenten** in Albanien, im Kosovo und sonst wo sagen »Professor« zu mir.

Einverstanden.

In den **ukrainischen Gemeinden** sprechen die Gläubigen mich als »Pastor« an.

Nun – der bin ich ja auch.

In **rumänischen und deutschen Brüder- und Gemeinschaftskreisen** bin ich schlicht und einfach ihr »Bruder Gerhard«.

Das passt zu mir.

Meine Eltern nannten mich »onze Geerart«, unser Gerhard. Diese niederländischsprachige Liebkosung klingt immer noch in meinen Ohren.

Unvergesslich!

Für den **himmlischen Vater** bin ich der nach Hause gekommene »verlorene Sohn«. Er sagt es so: »Dieser mein **Sohn** war tot und ist wieder lebendig geworden; er war verloren und ist wiedergefunden worden!«

Gut, nicht wahr?

Das höre ich am liebsten und freue mich täglich darüber.

Von Gerhard Jan Rötting sind bei mediaKern erschienen:

Erzählbände *(jeweils 112 Seiten)*

Als Schmuggler Gottes unterwegs
Bestell-Nr. 5.122.000

Als um Mitternacht eine fremde Gestalt erschien
Bestell-Nr. 5.122.001

Als ein Schatz in der Hirtenhütte entdeckt wurde
Bestell-Nr. 5.122.002

Als ein Engel das todkranke Mädchen besuchte
Bestell-Nr. 5.122.004

Als drei Straßenkinder unter der Brücke gefunden wurden
Bestell-Nr. 5.122.005

Als die Königin die Gefängnistür öffnen ließ
Bestell-Nr. 5.122.006

Als zur ersten Weihnacht ein neuer Ofen die Hütte wärmte
Bestell-Nr. 5.122.007

Als ein Doppelmörder vom »Schalom« überrascht wird
Bestell-Nr. 5.122.008

Als der kleine Junge ein großes Wunder erlebt
Bestell-Nr. 5.122.009

Als Pferd und Fohlen zu Weihnachten im Stall ankommen
Bestell-Nr. 5.122.010

Lasst mich wieder euer Kind sein
Bestell-Nr. 5.122.011

Letzte Chance für den Sohn des Ministers
Bestell-Nr. 5.122.012

Das Weihnachtsbaby wird gerettet
Bestell-Nr. 5.122.013

Taschenbücher

Wunder im Kosovo
112 Seiten
Bestell-Nr. 5.122.606

Moin, Moin, Herr Pastor
224 Seiten
Bestell-Nr. 5.122.612

Bildbände (jeweils 48 Seiten)

Dich erfüllt ein bleibender Segen
Bestell-Nr. 5.123.500

Dich behütet ein wachsamer Engel
Bestell-Nr. 5.123.504

Dich erwartet eine gesegnete Zukunft
Bestell-Nr. 5.123.513

Dich verlässt die Hoffnung nie
Bestell-Nr. 5.123.518

In anderen Verlagen sind von Gerhard Jan Rötting folgende Titel erschienen:

Erzählbände *(jeweils 112 Seiten)*

Bram, mein Musiklehrer

Als mit der Dorfhochzeit der Friede kam

Bildbände *(jeweils 48 Seiten)*

Dich trägt eine starke Hand

Dich umhüllt die ganz große Liebe

Diese Ausgaben sind erhältlich bei:
Mission »Ost-West« · 35649 Bischoffen